고객만족경영을 위한

6 POWER

김 원 · 이병관 공저

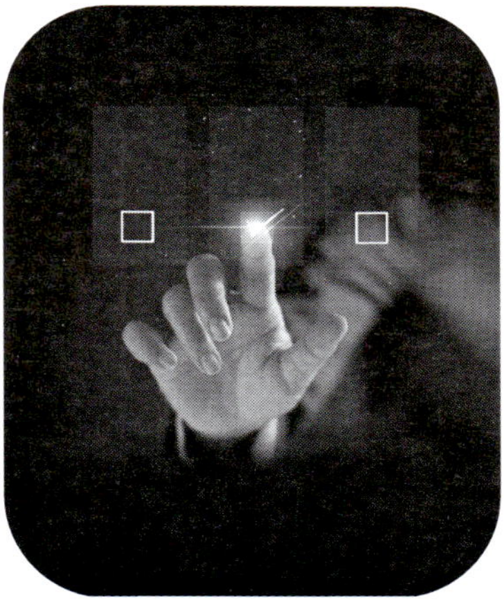

(주)백산출판사

프롤로그

고객만족경영은 1990년대 이후 우리나라 기업경영에서 가장 중요한 가치로 여겨지고 있다. 기업의 생존을 위해 고객의 중요성에 대한 인식이 확대되면서, 모든 기업들이 앞다투어 고객과의 소통에 나서고 있다. 하지만 이러한 과정에서 기업이 판매하는 상품의 특성이나, 그 기업만의 가치는 무시한 채 그저 따라 하기 식의 고객만족경영이 이루어지고 있다. 이로 인해 기형적인 고객만족경영이 이루어지고 있다.

우리는 고객만족경영에 대한 집착이 강하다. 불과 20년가량의 짧은 역사를 갖고 있지만, 고객만족경영에 대한 발전 정도는 세계 1위라 할 수 있을 것이다.

고객만족을 위해 가장 먼저 시도한 것은 서비스태도에 대한 교육이다. 서비스태도 교육은 기본적으로 고객을 상대해야 하는 접점직원들을 중심으로 태도, 자기이미지 관리, 불만고객 처리방법 등 주로 행동적 측면을 강조하고 있다.

이러한 과정에서 서비스 종사자들의 인권침해문제가 야기되더라도, 고객이 우선이라는 뿌리 깊은 인식이 심어지게 되었던 건 아닐까? 고객이 돈을 지급하니 왕이라는 개념으로 접근하다 보면, 무조건적인 복종 및 상하관계로 전락하게 되고, 이로 인한 감정노동자의 스트레스는 가중될 수밖에 없는 스트레스의 제로섬게임이 되었다.

그래서 '고객, 종사원 그리고 기업 모두가 만족할 수 있는 방법은 무엇일까?'라는 질문에서 해답을 찾기 시작했다. 고객만족경영, 심리학, 마케팅, 홍보에 대한 사례들을 공통적인 요소로 구분하여 분석하였다. 그 결과 모두를 만족시킬 수 있는 여섯 가지 요소로 정리하였다.

이 책을 통하여 고객만족을 지향하는 모든 이와 공감하고 싶다. 기업, 자영업자 모두가 쉽게 기억하고 적용할 수 있는 방안을 위해 함께 노력하고자 한다. 그래서 6POWER는 개방적으로 진화될 수 있길 기대한다. 개인적인 경험이나 수정이 필요한 부분이 있다면 누구와든 같이 의논하고 싶다. 6POWER는 정체된 개념이 아니라 고객만족의 생태계 환경이다. 많은 사례들이 모여 더욱 풍성한 고객만족경영의 체계를 구축하고, 이를 실천할 수 있는 방안들이 제안되고 연구되었으면 한다. 수많은 사람들에 의해 창작되고, 활성화되어 계속 발전되고 진화될 수 있기를 바란다.

'고객만족경영을 위한 6POWER'가 연구노트에서 책으로 나오기까지 많은 격려와 도움을 주신 모든 분께 감사의 인사를 드립니다. 본서의 출판을 위해 많은 편의를 제공해 주신 백산출판사 진욱상 사장님과 밤낮없이 고생하신 성인숙 과장님, 이경희 부장님 그리고 편집부 오정은 디자인 실장님, 신화정님께 진심을 담아 감사의 마음을 전합니다.

고객만족을 위해 애쓰시는 모든 분의 행복한 미래를 진심으로 염원합니다.

2019년 6월 저자

차례

1

왜
고객만족경영인가

왜 기업들은 고객만족경영에 집중하는가?

고객만족경영이 우리에게 현실적으로 다가온 것은 한국능률협회가 1990년대 초 고객만족지수(KCSI)를 도입하면서부터라고 할 수 있다. 그 이후 우리나라 기업은 고객만족도 순위를 기업의 홍보방안으로 활용하기 시작했고, 그러한 이유로 고객만족을 위한 직원 교육과 평가 시스템을 갖추어 경영 및 전략의 초점을 고객지향으로 삼게 되었다.

고객만족경영은 궁극적으로 고객의 관점에서 기업의 활동을 펼쳐 나가게 된다는 긍정적인 측면도 있지만, 때로는 직무평가를 통한 보상과 책임론이 대두되면서 직원만족이 소외되는 부정적 영향도 발생하게 되었다. 이러한 이유로 직원만족을 고객만족의 차원에서 재조명하고 있으며, 이를 통해 고객만족경영은 계속 진화하고 있다.

왜 고객만족경영에 기업들은 관심을 갖는 것인가에 대한 해답을 찾기 위해서, 마케팅의 변천과정을 파악하는 것은 중요한 과정이 된다. 산업혁명 이후 외부환경은 지속적으로 변화되고 있으며, 이에 따라 생존을 위한 기업의 노력은 경영환경을 변화시켰다. 왜 현대의 모든 기업이 고객만족경영을 실천하려 하는지, 역사적인 진화과정을 살펴보기로 하자.

생산지향시대의 등장

기업경영에 있어 고객이 중심이 된 것은 그리 오래되지 않았다. 초기 기업경영에서 가장 중요한 생존방법은 얼마나 많은 제품을 생산할 수 있는가에 있었다. 산업혁명 이후 경제적 여유가 있는 중산층이 생겨나고 이들의 소비를 충족할 물자의 생산은 부족했다. 생산되는 모든 제품은 곧 기업의 이윤으로 돌아올 수 있었다.

이 시대를 생산지향시대라고 부르며, 산업혁명에서 1920년대까지로 구분하고 있다. 구매하고자 하는 소비자가 생산품보다 많았기 때문에 기업의 매출을 증대시키기 위해서는 당연히 생산량을 늘려야 했다. 하지만 이 시대에는 도제방식으로 기술이 이전되고 있었고 도제방식은 길드라고 불리는 조합에 의해 독점되고 있었다.

테일러는 이러한 부조화에 몹시 불만이 많았으며, 모든 과업은 과학적으로 분석되고 통제되며, 학습될 수 있다고 굳게 믿고 있었다. 이로 인해 조합과의 심각한 대립관계가 형성되었고, 그에 대한 시각은 의도적으로 왜곡되고 잘못 인용되었다. 테일러에 대한 평가는 그의 과업에 비해 낮게 평가되고 있으나, 결과적으로 현재의 중산층이 확대될 수 있었던 계기는 바로 그의 공적이라 할 수 있다.

마르크스는 종종 다윈, 프로이트와 함께, 현대 세계를 창조한 삼위일체로 간주되기도 한다. 하지만 이 세상에 정말 정의라는 것이 있다면 마르크스 대신 테일러를 그 자리에 앉혀야만 한다. 테일러가 그에 걸맞은 영광을 누리지 못했다는 것은 단지 사소한 문제에 불과할지도 모른다. 하지만 지난 100여 년간의 폭발적인 생산성 향상을 통해 선진 경제를 창조할 수 있었던 것은, 다름 아닌 지식을 작업에 적용한 테일러의 연구 덕분이었다는 사실을 인식하고 있는 사람이 너무나도 적다는 것은 매우 심각한 문제이다.

– 피터 드러커, 『프로페셔널의 조건』

판매지향시대로 전환

테일러리즘은 이러한 생산지향시대의 시대적 이유에 의해 발생한 개념이라고 할 수 있다. 결국 테일러의 과학적 관리법에 의해 생산량은 증대될 수 있었고, 기업 역시 부를 축적할 수 있었다. 하지만 경쟁업체들이 점차 늘어나기 시작했다. 이에 따라, 생산량 증대의 과업뿐만 아니라, 생산된 제품을 어떻게 더 많이 판매하는가에 초점이 맞추어지게 되었다. 이 시대를 판매지향시대라고 부르며, 1930년대에서 1950년대까지의 시대를 말한다. 이 시기에는 세계적인 경제공황으로 인하여 소비가 침체되었고, 특히 제2차 세계대전이 끝난 직후여서 전쟁 관련 기술의 상용화로 제품 제조기술이 비약적으로 발전한 시대였다.

시장 공급은 시장 수요를 앞지르기 시작하였고, 이로 인해 생산에 대한 문제보다 제품의 소비를 어떻게 촉진하는가가 주요 관심사였다. 기업에서는 강력한 판매드라이브, 즉 강력한 판매조직을 운영하고 광고를 비롯한 대량 판촉을 실시하였다.

이 시기의 광고는 쌍방향 커뮤니케이션이 아닌, 제품의 성능을 더 많은 사람에게 일방향으로 전달하는 방식으로, 고객의 욕구와 필요에는 귀기울이지 못했다. 즉, 고객이란 개념이 약했다.

마케팅지향시대로 진입

기업들 간의 판촉전이 더욱 치열해지고 고객은 선택의 폭이 더욱 넓어지게 되었다. 1950년대에서 1960년대를 마케팅지향시대라 부르는 이유이다. 이 시기가 되어서야 소비자의 욕구와 필요에 맞는 제품을 경쟁자보다 효율적으로 전달하는 것이 기업의 목적을 달성하는 데 중요하다는 것을 인식하게 되었다. 하지만 이 시기의 마케팅 개념 역시, 마케팅 4Ps에서 알 수 있듯이 '고객'이라는 관점이 빠져 있었다. 4Ps는 상품(Product), 가격(Price), 유통(Place), 촉진(Promotion)으로 구성된다. '무엇을 팔 것인가?(상품)', '얼마에 팔 것인가?(가격)', '어떻게 유통시킬 것인가?(유통)', '어떻게 알릴 것인가(촉진)'의 공통적인 주어는 '고객'이 아닌 '기업'이 된다. 즉, 당시에는 오로지 기업의 입장에서 마케팅을 펼치게 되었던 것이다. 기업의 이익을 만족시키기 위한 마케팅 전략이 활용되었던 것이다.

1970년대 이후 우리가 말하는 사회적 마케팅지향시대에 들어서면서 마케팅 개념이 내부적 판매지향 관점에서, 외부환경과의 조화의 관점으로 접근되기 시작하였다.

사회적 마케팅시대로 발전

사회적 마케팅(Social Marketing)이란 사회적 문제와 관련하여 마케팅 활동을 수행하는 것을 말한다. 사회적 구조의 발달과 더불어 환경문제, 실업자 문제 등 여러 사회적 요소의 문제들을 기업의 책임으로 인식하고, 마케팅 활동을 전개하는 과정에서 새롭게 탄생된 개념이다.

사회적 마케팅은 기업이 내부적 노력으로 이익을 추구하는 데 한계점에 도달했기 때문에 탄생한 개념이다. 이것은 소비자가 점차 제품 만드는 기업의 이미지를 생각하면서 구매하고, 기업도 사회의 한 일원으로서 그 역할을 수행해야 한다는 인식에서 비롯되었다.

이러한 마케팅의 변천과정을 통하여 기업의 관점은 기업 내부에서 기업 외부로 넓어지게 되었으며, 이러한 시각에서 고객에 대한 관점으로 그 중심이 변화하게 되었다.

고객 관점 중심으로 변화

마케팅시대의 변천과정에서 살펴보았듯이, 기업의 사고는 생산에서 판매, 그리고 판매 확대를 위한 마케팅에서 고객 확보를 위한 마케팅으로 변천되었음을 알 수 있다.

제품과 기업 중심의 사고에서 기업 간의 경쟁이 치열해지면서 생산되는 제품은 보편재가 되었고, 이러한 보편재에 대한 차별성을 강조하기 위해 브랜드를 구축하기 시작했다.

국내의 모든 지역에서 생산되는 쌀은 그 맛과 품질이 크게 다르지 않은 보편재이다. 경쟁에서 이기기 위해서는 더 좋은 품질의 쌀을 생산하기 위한 노력과 함께, 외부적으로는 생산되는 쌀의 차별성을 소비자에게 강조할 필요가 있다. 그래서 나타난 것이 '이천쌀'과 같은 보편재의 브랜드 마케팅인 것이다. 아파트 건설도 마찬가지로 매우 보편적인 시설과 구조의 보편재를 래미안, 아이원 등과 같은 브랜드를 통하여 차별성을 강조하게 된다.

여기서 더 나아가 브랜드로도 차별화가 어렵게 되자, 고객과의 커뮤니케이션을 통하여 개별화된 고객과의 소통을 통한 마케팅 전략이 생겨나게 되었다. 이것이 고객관계관리(CRM)이다. 이로써 제품, 기업 중심의 사고가 고객 중심의 사고로 발전되게 되었다. 여기서 조금 더 고객 관점으로 변화된 과정이 4Ps의 개념을 4Cs의 개념으로 다시 정리하는 것이다.

4Cs는 Product를 Customer Value(소비자에게 가치 있는 상품)로, Price를 Cost to the Customer(소비자가 지불할 의향이 있는 가격)로, Place를 Convenience(기업 편의를 위한 유통과정에서 소비자가 편리하게 접근할 수 있는 구매방식)로, Promotion을 Communication(일방적 광고에서 고객과의 의사소통채널의 확보)으로 대체한 개념이다.

즉, 마케팅의 관점 자체가 제품과 판매의 생산자 개념이 아니라, 고객에게 합당하고 합리적이며 편의성을 제공하는 방식으로 변하게 된 것이다.

고객만족에 관한 개념은 결국 기업의 목적을 달성하기 위해 생산자 중심에서 고객 중심으로 기업의 사고가 전환되면서 발전된 개념이라고 할 수 있다.

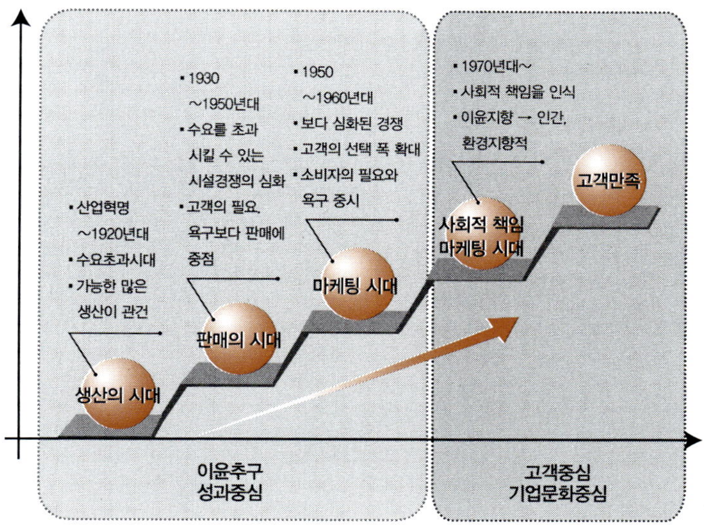

〈마케팅 시대의 변천과정〉

고객만족경영을
위한

6

POWER

2

고객을 알아야
고객만족경영이다

고객은 누구인가?

수많은 사람이 있다는 것은, 수많은 생각이 존재한다는 것이다. 따라서 고객을 일률적으로 이해한다는 것은 사실상 불가능하다. 하지만 사람들은 사회적 · 문화적으로 공통되고 보편화된 행동양식을 보이고 있다.

이 장에서는 고객의 일반적 특성이나 보편화된 행동양식을 토대로 접근하고자 한다. 고객만족경영을 위한 첫걸음으로서 고객에 대한 분명한 이해가 이루어져야 할 것이다. 우리의 고객은 무엇을 생각하고 있는지 살펴보도록 한다.

고객은 고정관념에 의해 움직인다

나는 다른 사람보다 서비스 태도에 민감한 편이다. 음식의 질과 맛, 인테리어 분위기보다 우선적으로 생각하는 것이 바로 종업원들의 태도이다. 그러다 보니 가끔은 동행한 일행이 몹시 불편해 하는 경우도 있다. 나의 이런 성격은 골목 분식점에 가서도 마찬가지인데, 친구들은 이런 나에게 이렇게 말을 한다.

"5,000원짜리 식사에서 뭘 바라?"

1,000원이든 1만 원이든 그것이 무엇이 중요한가? 왜 사람들은 값싼 상품의 부당한 대우에 대해서는 그토록 온순하고 당연하게 받아들이는 것인가? 가격에 따라 서비스가 달라지는 것이 당연하다고 믿는 것일까? 우리도 모르는 사이에 가격과 품질, 그리고 서비스를 동일시하는 경향이 고정관념화되었기 때문이다.

『설득의 심리학』에서 인간에 대한 고정관념이 일관적인 행동양식으로 나타나는 사례를 제공하고 있다.

어느 인디언의 보석가게에서 판매되지 않아 재고로 남아 있는 터키옥을 처분하기 위해, 다양한 방법으로 마케팅을 했지만, 소용이 없었다. 결국 가게 주인은 종업원에게 반값에라도 처분하라는 지시를 한다. 하지만 어찌된 영문인지 종업원은 이를 착각하여 2배의 가격으로 올려서 진열하였다. 그러자, 단 하루 만에 터키옥이 모두 판매되었다.

여기서 알 수 있듯이 고객들은 비싼 것은 곧 좋은 상품이라는 고정관념에 의해 무의식중에 구매했던 것이다. 이러한 고정관념은 고가의 상품뿐만 아니라, 한정수량의 판매 전략에도 적용될 수 있다.

'뮈스카 드 프롱티냥'이란 이름의 디저트 와인의 판매를 위한 마케팅 전략으로서 『마케팅 슈퍼스타』에서는 이렇게 정리하고 있다. 우선 와인 제조비법을 적은 3×5인치 크기의 카드와 손수 만든 선반용 안내판을 세운다. 거기에는 이렇게 쓰여 있다.

진기한 뮈스카 드 프롱티냥 100퍼센트 포도 원료
한 사람에게 한 병밖에 팔 수 없습니다. 양해 부탁드립니다.

여기서 '진기한'은 흔하지 않음을 의미하며, 이러한 한정수량 판매 전략은 그대로 적중해서 몇 시간 만에 품절되었다.

사람들은 모두 고정화된 행동양식을 갖고 있으므로 고객 역시 일정한 고정관념을 통해 상품을 구매한다고 할 수 있다. 이러한 심리적 고정관념을 예로 들 수 있는 것이 일관성의 법칙, 상호성의 법칙, 권위의 법칙, 사회적 증거의 법칙, 희귀성의 법칙, 호감의 법칙으로 정리할 수 있다. 한정된 수량의 판매 전략은 바로 희귀성의 법칙에 의해 이루어졌다고 볼 수 있다.

이러한 행동양식은 사회적으로 수많은 시행착오를 통해 얻은 경험을 토대로 형성되었다. 따라서 확신 없는 판단을 서둘러 내려야 하는 경우에는 가장 사회적으로 인정된 효과적인 대응방법이 될 수 있다.

고객의 입장도 마찬가지 관점에서 생각할 수 있다. 비싼 것은 품질이 좋은 것이라는 사회적 인식이 고정관념으로 구체화되고 그 결과 소비욕구를 자극하게 되는 유발기제의 역할을 하게 되는 것이다.

하지만 비싼 것에 대한 기대치는 매우 높아서 기대치에 맞는 만족감을 준다는 것은 매우 어려운 일이다. 소비경험을 통해 얻은 새로운 기억은 다시 고객의 고정관념을 형성하게 된다. 그렇기 때문에 고정관념을 통한 마케팅 전략 역시 한계를 가질 수밖에 없다.

"5천원 짜리 식사에서 뭘 바라?"

천 원이든, 만 원이든 난 당당하게 먹고 싶다고...

고객의 욕구를 알아야 고객을 만족시킬 수 있다

스타벅스의 성공에 대한 이야기는 이미 보편화된 성공스토리이다. 스타벅스는 1971년 커피원료와 장비를 판매하던 회사였다. 1982년 하워드 슐츠(Howard Schultz)가 마케팅 디렉터로 영입되면서 스타벅스의 신화가 시작된다. 하워드 슐츠가 제안한 커피 판매가 거절당하자, 1986년 '일 지오말레(IL GIOMALE)'를 직접 운영하게 되었고, 결국 스타벅스의 창업주들로부터 스타벅스를 1987년에 인수하게 되었다. 이후 계속적인 성공스토리가 이어지면서, 스타벅스에 대한 책들이 쏟아져 나오기 시작했다. 스타벅스의 로고, 문화마케팅, 하워드 슐츠의 성공담 등 우리에게 회자되는 사례가 수없이 나오고 있다.

하지만 나는 고객이 미처 깨닫지 못했던 욕구를 마케팅화했다는 점에 가장 주목하고 싶다. 이전까지 소비자들은 커피를 보편재로 생각했으며, 따라서 맛보다는 가격에 민감하게 반응하고 있었다. 이에 따라 커피 생산업체는 가격 경쟁을 통한 판매에만 관심을 갖게 되었고, 품질이 아닌 저가 커피가 주류를 이루게 되었다. 하지만 스타벅스는 고객의 잠재의식 속에 감춰져 있던, 세련된 환경에서 고급 커피를 즐기고 싶어하는 욕구를 찾아내었다. 바로 이러한 욕구의 발견으로 커피를 문화생활로 향상시키는 역할을 하게 되었다.

근래 들어, 스타벅스를 통한 '에스프레소 커피'의 열풍을 타고 고급 커피에 대한 욕구가 커지면서, 한때 주춤했던 커피전문점이 경쟁적으로 생겨나고 있다. 새로 오픈하는 커피전문점은 고급화된 시설과 고객의 편리성, 문화예술의 공간 등 다양한 모습으로 발전하고 있으며, 커피 원두의 품질과 로스팅 등 맛을 중요시하는 마니아층의 확대로 'Take Out'형태의 전문점이 생겨나게 되었다.

결국 고객의 숨겨진 욕구를 찾아낸 커피의 새로운 문화가 전 세계에 커피 열풍을 일으키게 된 것이다.

하지만 스타벅스와 달리 코카콜라는 고객의 소리에 귀기울이지 않고 펩시와의 경쟁에만 매달려, 펩시와 유사한 맛을 내는 뉴코크를 출시하였다. 그 결과 코카콜라만의 독특한 맛을 즐기던 고객층으로부터 78일 동안 40만 통의 항의 전화와 편지에 시달리게 되었다. 이는 고객의 욕구를 무시한 채 회사 내부의 독단적 판단이 불러일으킨 실수라고 할 수 있다.

개혁과 새로운 아이디어의 창조는 무척이나 중요한 기업의 생존전략이다. 하지만 그 이전에 고객의 마음을 제대로 읽고, 고객의 소리에 먼저 귀기울여야 할 것이다. 고객 마음의 소리를 들을 수 있을 때 고객의 숨겨진 욕구를 찾아내어 새로운 욕구를 창조할 수 있기 때문이다.

"고객의 소리에 귀기울여야 산다"

고객이 미처 깨닫지 못하는 욕구를 발견하라.

관여도에 따라 고객은 움직인다

관여도는 상품에 대한 소비자의 태도 수준을 의미한다. 그래서 관여도가 높은 제품은 그만큼 구매결정에 매우 신중을 기하게 되는 것이다. 관여도가 높은 제품에 대해서는 제품사용에 따른 혜택을 극대화하고, 위험을 최소화하려는 분명한 의지를 갖고 결정한다. 반면에 관여도가 낮은 제품은 단순한 편의성이나 가격 등에 따라 짧은 순간에 구매결정이 이루어지게 된다.

소비자들은 대부분 욕실용품을 사용하는 데 있어, 고객충성도를 갖기 어렵다. 즉, 새로운 상품이 출시되거나 주변 사람들의 추천 등을 통해 쉽게 브랜드를 이동한다. 이러한 현상 역시 고객의 관여도로 설명할 수 있다. 일상생활에 필요한 용품들은 주로 편리성이나 가격을 비교하게 되며, 가격에 맞는 기대치를 갖게 된다. 따라서 고객은 기대치에 적절한 만족을 얻기 쉬우며, 이러한 만족은 경쟁상품에 대해서도 비슷한 경험을 하게 된다. 즉, 고객 선택의 폭은 그만큼 넓어지게 되고, 이에 따라 수요자의 교섭력이 강화된다.

이와 같은 예는 흔하게 보인다. 아무리 충성도를 갖고 있는 서점이 있다고 해도, 책을 구매할 때 차를 타고 이동해야 하는 서점보다는 집 앞의 가까운 서점에 가게 될 확률이 높다는 것이다. 또한 편의점을 방문할 때 편의점의 브랜드를 확인하여, 자신이 선호하는 편의점만을 고집하는 사람은 많지 않을 것이다.

반면에 자동차나 주택 구입을 생각하는 경우라면 그 상황은 달라진다. 이와 같은 고관여 제품에 대해서는 구매결정이 어렵고, 결정과정이 매우 복잡하게 전개된다. 자동차의 경우 연비, 디자인, 기업이미지, 중고판매가능성, 색, 고장률, 주변의 평판 등 다양한 요소가 선택의 기준이 되며, 이 역시 개인의 차이에 따라 그 중요도에서 차이가 나기 때문에 기업의 입장에서는 더욱 고려해야 할 사항이 많아지게 된다.

주택의 경우도 마찬가지다. 입지, 방향, 교통, 학군, 주변환경, 방의 크기, 욕실, 주방시설 등 따져봐야 할 사항이 너무 많다. 특히, 요즘 유행하는 전원주택의 경우, 오히려 집이 지어진 경우는 판매가 더 어렵다고 한다. 그 이유를 관여도로 설명할 수 있는데, 전원주택으로의 이주를 생각하는 경우라면, 아파트 거주목적과는 다르게, 생활의 여유를 즐기고, 자기의 욕구에 맞는 편리한 생활을 원하는 경우가 많다. 특히, 주방에서 많은 시간을 보내는 가정주부의 경우 자신만이 원하는 주방의 구조가 있을 것이며, 이러한 욕구를 갖고 있는 가정주부의 의사가 구매결정에 큰 영향을 미치는 것은 당연하다고 볼 수 있다. 따라서 이미 마련되어 있는 주방시설보다 자신이 꾸미는 주방을 원하게 되고, 그에 따라 부지만을 매입하려는 경향이 나타나고 있다.

그렇다면, 고객을 변화시킬 수는 없는 것일까? 소비자 관여도는 상대적인 개념으로 기존의 저관여 제품을 고관여 제품으로 탈바꿈시키는 것도 가능하다.

두부의 경우 과거에는 가게에서 큰 판으로 들여와서 물에 담가 보관하며, 소비자에게 한 모씩 잘라 판매하였다. 그만큼 우리 일상에서 매우 많이 소비되는 식료품으로 소비자들은 생산자가 누구인지보다 가게에서 판매하는 그 두부를 그저 소비하는 저관여 제품이었던 것이다. 하지만 풀무원은 이러한 고정관념을 깨고 저관여 제품을 고관여 제품으로 탈바꿈시켰다. 즉, 두부를 천연재료를 사용한 건강식품으로 전환하고, 깨끗하고 안전한 먹거리를 제공한다는 사회적 책임을 브랜드 이미지로 정착시켰다.

경쟁이 치열한 상황에서 기업들은 저관여 제품에 대한 브랜드를 더욱더 고관여 상품으로 이끌어내기 위한 노력들을 전개하고 있다. 우선 상품에 대한 효과나 이익에 대해 기존 상품들과의 차별성을 강조하는 방법을 사용하기도 하며, 상품 광고의 차원에서 품질에 대한 차별성을 강조하여 브랜드 가치를 높이고, 나아가 지속적이고 통일된 메시지 전달을 통해, 기업 이미지를 부각시키는 방법이 많이 사용되고 있다. 네트워크 마케팅의 가장 선두 기업인 암웨이는 판매하는 대부분의 상품이 생활용품으로 일반적으로 저관여 상품군으로 이루어져 있다. 암웨이의 판매 전략은 광고비용을 줄이고 품질을 높여 소비자에게 선택받을 수 있는 유통채널을 만들어냈다. 이것이 바로 네트워크 마케팅이다. 여기에 생산자이자 소비자인 프로슈머라는 개념을 합성하여 네트워크 참여자에게 이익을 제공한다는 개념으로 시장을 개척했다. 네트워크 내의 소비자들은 주변의 지인 영업을 통하여 자발적으로 고객을 유치하고 홍보하는 역할을 수행하였다. 이것은 곧 유통구조의 변화를 통한 매우 혁신적이고 성공적인 고관여 전략이라 할 수 있다.

이렇듯 다양한 방식을 통해 분명 저관여 제품을 고관여 제품으로 탈바꿈시키고, 기업의 제품을 차별화하여 시장점유율을 높일 수 있다. 하지만 고관여 전략은 그만큼 소비자의 기대치를 높여주는 효과가 있기 때문에, 제시하는 가치가 허구이거나 타사 제품에 대한 일방적 비방성 광고 등이라면 역효과를 일으킬 수 있다.

"앗! 뭘 사야 하지?"

저관여 제품을 고관여 제품으로 변화시킬 수 있다.

강력한 마케팅 전략으로 고객을 만들 수 있을까?

고정관념을 깨고, 고객의 숨어 있는 욕구를 찾아내어 마케팅한 성공사례로 '햇반'을 들 수 있다. '밥은 집에서 지어먹는 것', '가공된 밥은 건강에 좋지 않다'라는 고정관념을 깨뜨리고, 현대인의 식습관과 생활패턴의 변화를 읽어, 숨어 있는 고객의 욕구를 발견한 것이다. 적극적이고 강력한 마케팅을 통해 햇반을 즉석밥 시장의 대명사로 만들어 고관여 상품으로 바꾸어놓은 것이다.

이후, CJ 햇반은 경쟁이 치열해지면서 70%에서 10%가량 하락했지만, 즉석밥 시장에서 기술력과 경쟁력, 브랜드 이미지를 토대로 줄곧 1위 자리를 지키고 있다. 즉석밥 시장 최초의 선두기업으로서 즉석밥은 곧 햇반이라는 인식과 함께, 압력솥으로 짓는 밥으로 밥맛과 이천쌀이라는 품질을 통한 이미지를 확보하여 충성고객 층이 두텁기 때문이다.

그렇다면 햇반이라는 고관여 상품은 강력한 마케팅 전략으로도 바꾸어놓을 수 없는 것일까?

오뚜기밥은 즉석밥 시장에서는 후발주자이지만, 우리나라 최초의 우주인인 이소연 씨를 통해 '우주에서 먹는 밥'이라는 적극적인 마케팅을 펼쳤다. 이마트 월계점을 시작으로 서울 및 수도권 11개 매장, 부산 4개 매장, 대구 1개 매장 등 총 16개 매장에서 일정 금액 이상 오뚜기

밥을 구매한 고객을 대상으로 100% 당첨 행운권을 증정해 오뚜기 옛날 김 선물세트 등의 경품을 제공했다. 우주복 입은 모델이 함께 사진 촬영을 하는 등 전국 매장에서 우주식으로 선정된 오뚜기밥 시식행사가 지속되었다. 선두자리를 빼앗진 못했지만, 즉석밥 시장 내에서 성공적인 마케팅 전략의 사례로 꼽힌다.

결국 즉석밥 시장의 대명사인 햇반 역시 또 다른 강력한 마케팅에 의해 언제든지 그 입지가 변할 수 있음을 예상할 수 있다. 이러한 마케팅 경쟁이 마케팅을 더욱 필요로 하게 하는 이유가 되었다.

우주 식사

강력하게 인식을 전환시켜 추격하라.

한번 고정된 이미지는 변하기 어렵다

국내 식량 자급자족을 위해 삼양식품은 묘조식품으로부터 기술이전을 받아 라면을 판매하기 시작했다. 초기 5년간 적자를 면하기 힘들었지만, 이후 흑자 경영이 이루어지면서, 롯데공업(농심), 조선일보, 동방유량, 럭키, 청보 등이 라면사업에 뛰어들게 되었다. 원조 격인 삼양라면의 우위는 1989년 우지파동을 계기로 소비자들로부터 신뢰를 잃고 시장점유율 15% 이하로 추락하게 되었다. 7년 9개월간의 법정공방 끝에 무죄판결로 승리했지만, 소비자들로부터 공업용 우지로 만들어 판매했다는 이미지가 굳어져 아직까지 선두를 탈환하지 못하는 실정이다.

하지만 부정적인 이미지뿐만 아니라, 긍정적인 이미지 역시 고정되어 각인되기 쉽다. 산타클로스의 경우 코카콜라가 1931년 붉은색 복장을 한 뚱뚱한 이미지를 만들기 전까지는 크리스마스를 상징하는 인물이 아니었다. 산타클로스는 3세기경 소아시아에서 출생한 성 니콜라스(St. Nicholas)에서 유래되었다는 설이 일반적이다.

주교를 지낸 그는 주로 홍색조의 옷을 즐겨 입었다고 하며, 특히 어린이를 좋아하여, 몰래 선물을 주었다고 한다. 이를 기리기 위해 12월 5일을 즈음하여 어린이들에게 선물을 나누어주는 관습이 있었다고 한다.

여기에 코카콜라는 산타클로스를 상업적으로 활용하여 크리스마스의 상징으로서 또 붉은색의 옷을 입은 뚱뚱한 할아버지의 이미지를 만들어낸 것이다. 이러한 이미지 마케팅 전략은 지금의 크리스마스가 탄생하게 만들었으며, 코카콜라의 상징인 붉은색과 연계하여 코카콜라의 이미지를 긍정적으로 만들 수 있게 하였다. 현재 코카콜라는 북극곰을 통해 가족 간의 사랑과 코카콜라를 연결하여, 가족과 단란한 시간을 보낼 때 항상 코카콜라가 있는 문화를 만들고자 노력하고 있다.

고객으로부터 선택받을 수 있는 이미지를 구축하는 것은 저관여, 고관여 제품을 막론하고 매우 중요한 사항이 되었다. 아무리 저관여 제품이라 해도, 부정적인 이미지가 있는 기업의 제품은 구매를 꺼리게 된다. 또한 고관여 제품의 경우 구매 결정 단계에서 확신을 갖게 하는 심리적 안정을 주어야 한다. 이러한 이유로 연예인 등 유명인을 통한 광고가 주를 이루고, 나아가 유명 연예인은 본인의 이름으로 직접 사업체를 경영하기도 한다. 그만큼 상품의 이미지, 기업의 이미지가 중요하다는 것이다.

한번 고정된 이미지는 변하기 어렵다.

사실보다 연상되는 이미지가 크게 작용한다.

고객의 심리는 종종 불합리하며 복잡다단하다

앞서 살펴본 바와 같이 고객은 분명 이유 있는 구매활동을 한다. 브랜드 이미지를 통한 자기 확신에 의해 구매하기도 하며, 제품의 품질을 당연히 중요시하기도 한다. 때로는 단순히 구매 습관에 의해서 별 의미 없이 행동하기도 하며, 충성도 요인으로 인해 반드시 한 제품만을 사용하는 경우도 있다.

하지만 반드시 그렇지만도 않다. 과연 고정된 고객의 행동유형이 존재하는 것일까? 그렇다면 고객을 이해하고 마케팅 전략을 수립하는 데 많은 도움을 줄 수 있을 것이다.

얼마 전 늦은 밤, 경기도에 위치한 한 종합병원을 찾았다. 응급실이었기 때문에 많은 환자가 계속해서 줄을 잇고 있었다. 의사들은 모두 바빴고, 환자들은 누울 침상이 없어 의자에 앉은 채 고통으로 신음하고 있었다.

"너무 아파서 그러는데 누울 곳 없을까요?"

"침상이 남는 게 없습니다. 순서 기다리세요."

"환자가 지금 너무 힘들어 합니다. 앉을 의자도 없는데 바닥에 누워야 합니까?"

성의 없는 대답에 좀 화를 내며 말하자,

"그러세요!"

물론 다른 사람들도 응급으로 온 터라 딱히 누구라 할 것 없이 모두 고통을 호소하고 있었고, 그만큼 내 다급함만 요구할 수 없는 상황이라는 것은 알고 있었다. 하지만 그러한 대형병원에서 응급환자가 하루에 어느 정도 오는지 조금만 관심을 가졌다면, 충분히 침상을 준비하거나, 환자만이라도 앉거나 쉴 수 있는 작은 배려가 있었을 것이다. 무엇보다 환자와 보호자가 원하는 것은 따뜻하고 차분한 말 한마디였다.

이런 병원에 왜 이렇게 많은 사람이 찾는 것일까? 그 주변에 대학병원 및 종합병원이 충분히 많은데… 택시를 타고 차 안에서 이런 불만을 얘기했을 때, 택시 기사가 말했다.

"여기 왔다 가는 사람들 다 그런 얘기를 하더라고요."

분명 나만 느낀 불편함이 아니었던 것이다. 그럼에도 불구하고 여전히 그곳엔 환자들이 많다.

영화 '공동경비구역 JSA'에서, 북한군 오경필(송강호 역)은 초코파이를 먹으면서, "초코파이보다 더 맛있는 과자를 만들 수 있는 조국이 되길 바란다. 그때까진 어쩔 수 없이 초코파이를 먹는다"라고 말한다. 그토록 혐오하는 남한의 과자를 먹는 이유는 무엇인가? 우린 일본과 문제가 발생할 때마다 매번 일본을 혐오하며 불매운동을 운운한다. 하지만 항상 일본제품을 구매하고 있다. 애국심이 부족한 때문인가?

고객은 무엇 때문에 소비하고 움직이는지에 대한 여러 복잡한 심리에 대해 알아볼 필요가 있을 것이다.

"그냥 바닥에 누우라고요?"

고객이 을이 될 때도 있다. 하지만 딱히 다른 대안이 없어 소비할 수도 있다. 하지만 언제까지 가능할까?

브랜드 인지도가 반드시 고객을 이끌지는 않는다

특정 브랜드를 혐오하는 사람을 알고 있다. 국내 최대 기업을 자부하는 이 기업에 대해 다른 사람들과는 다르게 나쁜 이미지를 갖고 있음에도 불구하고, 그 사람이 사용하는 대부분의 제품은 그 회사 제품이다. 경쟁사의 제품이 많음에도 선택하는 것이다.

과연 기업의 이미지가 고객의 구매행동에 절대적인 영향을 미치는가에 대해서는 많은 고민이 필요하다.

호텔 숙박에 있어서도 마찬가지 의문점이 발견된다. 호텔과 같은 서비스 기업은 특히 브랜드 이미지를 중시할 수밖에 없다. 왜냐하면, 호텔의 상품은 고정자산인 시설과 함께 호텔에서 제공되는 서비스 그 자체가 상품이 되기 때문이며, 이러한 서비스 상품은 브랜드 이미지를 통해 고객에게 인식되기 때문이다.

서비스 스탠더드를 통해 고객들에게 브랜드를 각인시켜, 전 세계 어디를 가더라도 믿고 상품을 구입할 수 있도록 하고 있다. 그렇다면 과연 브랜드 이미지가 호텔 선택에, 그리고 호텔 수익

에 직접적으로 연결되어야 할 것이다. 하지만 결과적으로는 호텔 선택을 위해 가장 중요시되는 것은 위치와 목적지와의 거리, 교통 등 자신의 필요에 따라 선택하게 된다는 것이다. 해외에 출장을 가는 경우 방문해야 하는 회사와의 거리를 생각하지 않고, 호텔의 브랜드만을 보고 판단하지 않는다는 것이다. 하지만 분명 브랜드 이미지는 호텔 선택의 속성과 연관되어 있다. 이는 같은 조건에서는 브랜드 이미지라는 속성을 통해 호텔을 선택하게 된다는 것이다.

그럼에도 불구하고, 호텔이 긍정적인 브랜드 이미지를 구축하려는 것은 호텔의 영업범위 내에 있는 타 호텔과의 경쟁에서 우위를 확보하기 위한 것이다.

이 논리에는 유사 서비스업종 예컨대, 콘도미니엄, 리조트(골프리조트, 스키리조트, 해양레저스포츠 리조트 등 레저스포츠 서비스업 및 숙박업 시설) 등도 모두 해당된다.

이미지가 오로지 선택의 속성?

브랜드만 보고 결정하진 않는다. 거기에는 거리, 편의성, 목적과 같은 다양한 속성이 포함되어 있다.

고객은 품질을 우선으로 고려하기도 한다

앞서 예시한, 특정 브랜드에 대해 반감을 갖고 있는 사람은 그 제품을 구매하는 이유가 품질 때문이라고 한다. 여기에는 AS의 편리성이 포함되어 있는데, 그러한 이유 때문에 부정적 이미지를 가진 제품을 구매한다는 것이다. 하지만 그 반대의 경우도 있다. 기업에 대한 긍정적인 이미지를 갖고 있지만, 제품의 품질 때문에 경쟁사의 제품을 구매하는 경우가 있다.

특정 학습지 회사에서 근무했던 한 직원은 직원처우에 대해 불만이 많았고, 회사와 마찰을 빚어 결국 회사를 그만두게 되었다. 그 사람은 이제 그 학습지 회사와는 더 이상 인연을 맺고 싶지 않을 것이다. 하지만 그는 현재 자신의 아이들에게 그렇게 싫어하는 학습지를 시키고 있다. 학습지 방문교사 경험을 통해 학습지에 대해 잘 알고 있으며, 그 학습지가 가장 훌륭하다고 생각하기 때문이었다. 브랜드 이미지보다 품질의 중요성이 더 큰 사례라고 할 수 있다.

외식사업에 있어서 성공의 비결은 식재료, 음식의 맛, 분위기, 종업원의 서비스 태도 등 매우 다양한 원인이 있다. 오로지 저렴한 가격과 양이 많은 음식점을 선호하던 시대가 있었다. 그 후 양이나 가격보다 맛을 더 중시하게 되었고, 더 나아가 식재료의 신선함과 조리의 위생을 포함한 웰빙 메뉴가 인기를 끌게 되었다. 이제는 스타벅스의 사례에서와 마찬가지로 음식을 문화의 한 코드로 발전시키고, 문화마케팅을 통해 고객을 끌어내는 시대가 되었다. 그래도 가장 중요한 요소는 바로 음식의 맛이라고 할 수 있다.

자주 방문하는 음식점이 있다. 음식 맛이 좋아 즐겨 찾던 곳이었다. 어느 날 음식점 사장과 손님이 싸우는 것을 보게 되었다. 음식에서 머리카락이 나왔는데 사과하지 않고, 오히려 손님이 까칠한 거라며 화를 내고 있었다. 좀 황당한 상황이었고, 손님은 더 이상 말이 통하지 않는다고 판단했는지, 그냥 나가버렸다. 하지만 난 그 후에도 그곳을 찾았고, 여전히 사업도 잘되고 있다. 음식은 맛있고, 분위기 역시 나를 만족시켰기 때문이다.

스포츠센터에 가는 목적은 무엇일까? 아마도 다이어트, 건강, 체력단련, 재활 등이 아닐까 한다. 스포츠센터는 지금 제시한 고객의 목적을 최대한 달성시켜 주면 핵심 서비스는 성공한 것이고, 이후 재등록 및 타인 추천의향의 확률이 높아지는 원리이다. 거기다가 다양한 대고객 서비스 활동 등이 융합되면 금상첨화라 할 수 있다.

핵심서비스가 우선으로 만족되어야 한다. 하지만 다른 경쟁자가 생기면?

고객은 습관적으로 구매하기도 한다

고객은 브랜드 이미지도, 품질도 아닌 구매습관에 좌우되기도 한다. 그렇기 때문에, 구매습관 역시 무시할 수 없는 구매 이유이다. 껌값이라는 말이 있다. 우리는 내재적으로 껌은 보통 얼마여야 한다는 고정관념이 있고, 갑작스럽게 다른 제품에 비해 높게 책정된 껌은 일단 배제하게 된다.

한 가지 예를 더 들면, 일반적으로 태권도장 또는 각종 예체능 학원(피아노, 미술, 음악)의 월회비는 생각보다 비싸지 않다. 마케팅 연구에서 가격이 구매행동에 상당히 영향을 미치는 것으로 나오는데 이 업종들은 특히 더 그러한 구조이다. 그래서 다른 학원보다 가격을 올려 받으면 학원생이 줄어드는 현상을 보인다. 다시 월회비를 다른 학원과 비슷하게 맞춰야 학원생이 늘어난다. 이는 학원을 보내는 학부모들(소비자)이 가지고 있는 가격에 대한 고정관념에 의해 아이러니하게도 학원의 진입장벽을 낮추는 역할을 했다.

오랫동안 인식된 가격으로 인해 가격이 굳혀지고 그로 인해 구매습관을 깨뜨리기가 쉽지 않다. 안전상비약과 의약외품이 편의점에서 판매되고 있지만, 아직 구매습관이 남아 있어, 늦은 시간이 아니면 습관적으로 약국을 찾는 경우가 많다.

이러한 고객의 구매습관을 잘 관찰하면 의외로 판매량을 높일 수 있는데, 월마트의 장바구니 분석이 대표적인 사례라고 할 수 있다. 월마트는 상품 간 교차판매에 대한 장바구니 분석을 한 결과 전혀 연관성이 없는 기저귀와 맥주가 동시에 팔렸다는 것을 알게 되었다. 이는 부인의 부탁을 받은 남편이 기저귀를 사면서 동시에 맥주를 구매하는 경우가 많다는 사실이 밝혀진 것이다.

이러한 고객들의 구매습관을 통해 점포의 위치에 따라 상품의 진열 및 품목을 바꿀 수 있으며, 많이 팔리는 상품의 진열을 더욱 돋보이게 하거나, 1회당 판매 단가를 향상시킬 판촉방법으로 2개의 상품을 패키지로 묶어 판매하기도 한다.

구매습관은 개인적으로 형성되거나, 인위적 방법에 의해 형성될 수도 있다. 즉 이러한 현상을 일관성의 법칙으로 설명할 수 있는데, 한 번 구매한 제품에 대해 자신의 소비가 잘한 것이라는 확신을 만들기 위해 스스로 장점만을 생각하게 된다는 것이다. 이러한 생각은 고정적인 행동양식으로 굳어져 계속 그 제품을 사용하게 되고, 또한 주변 사람에게 알리는 역할을 하게 되는 것이다. 한 번 선택한 것은 버리기 어려우며, 더욱 확신을 갖기 위해 스스로 많은 사람에게 알리려 한다. 이러한 심리적 원인이 구매습관으로 이어지는 것이다. 구매습관이 개인적 혹은 인위적으로 형성되면, 브랜드나 제품의 품질과 무관하게 소비될 수 있다.

습관은 참 무서워.

난 항상 이것만 먹어.

고객충성도에 의해 고객은 움직이기도 한다

기업이 지속적으로 고객에게 탁월한 가치를 제공해 줌으로써 고객으로 하여금 해당 기업이나 브랜드에 호감이나 충성심을 갖게 하여 지속적인 구매활동이 유지되는 것을 고객충성도라고 한다. 따라서 충성고객은 정기적으로 반복구매를 하며, 그 기업에서 제공하는 다양한 상품과 서비스를 포괄적으로 구매하고, 다른 사람에게 기업을 추천하며, 경쟁업체의 유인전략에 동요하지 않는다.

이러한 충성고객을 만들기 위한 방법으로 다양한 마케팅 전략이 모색되고 있다. 감성마케팅을 위한 펀(Fun)마케팅, 경험마케팅 등 다양한 방법으로 충성고객을 확보하기 위해 노력하고 있다.

재미있는 아이디어 제품이나 이벤트, 서비스 등을 통해 소비자의 감성소비를 자극하는 방식을 활용하기도 하는데, '에뜨나 피자'의 직사각형 피자, 터키식 아이스크림 전문점 '마도'의 썰어 먹는 아이스크림, 영화 이름을 붙인 '베스킨라빈스'의 아이스크림과 같이 제품의 콘셉트, 색상, 디자인, 포장 등 제품 자체에 재미 요소를 가미하기도 한다.

'콜드스톤 크리머리'는 매장 밖에서 기다리는 고객을 위해 이벤트를 실시하였다. 점원이 던진 아이스크림을 컵에 받는 고객에게 무료 와플콘 등을 증정하기도 하였으며, 고객과 점원이 가위바위보 게임을 하여 이긴 고객에게 상품을 제공하는 이벤트를 제공하였다.

하지만 이러한 마케팅은 단순히 홍보에 치중되거나 일회성 이벤트로 끝나기 쉽다. 매출증대를 위한 고객충성도로 연결될 수 있는 지속적인 관리와 노력이 필요하다.

아마도 감성과 경험마케팅 모두에 있어 가장 대표적인 성공사례는 할리데이비슨의 호그(HOGs)라 할 것이다. 이는 할리데이비슨 소유주들의 커뮤니티로 할리데이비슨의 임원들이 스스로 참여하여 만든 고객 커뮤니티다. 호그는 일본업체에 밀려 추락을 거듭하던 회사의 재건에 결정적인 역할을 하게 되었다. 이제 호그들에게 할리데이비슨은 오토바이가 아니라 정체성의 상징이 되었다.

호그들의 이러한 고객충성도는 커뮤니티 활동이나 랠리라는 이벤트에 의해 형성된 것이 아니다. 할리데이비슨의 기업사명 내용 중 "우리는 단지 오토바이를 만들지 않는다. 우리는 전설을 옮긴다.... 할리데이비슨은 당신의 핏속에 스며들어 당신 삶의 일부분이 된다.... 엔진은 여전히 요란한 소리를 낸다...."의 내용에서 알 수 있듯이 회사의 존립 그 자체가 '그들만의 정체성'이라는 동질의식의 강조를 통해 완성될 수 있었던 것이다.

고객충성도를 높이는 전략 중 최근에 활발하게 대두되는 것은 기업이 제품을 만들어 소비자에게 직접 전달하는 전통적 방식을 벗어나, 제품의 기획부터 탄생 및 개선, 재탄생에 이르기까지 소비자 참여를 통한 자부심 전략이다. SNS는 소비자 참여형 자부심 전략을 실현하는 데 있어 최고의 도구이자 장이다. SNS 커뮤니티에서는 '우리 기업의 상품을 사주세요' 하기보다는 소비자와 특정 사안에 대해 공유하고, 대화하고, 느끼고, 평가하여 이를 기업 경영이나 제품에 투영시킨다. 소비자는 자신이 참여해서 기업 정체성이나 제품이 탄생 · 개선 또는 재탄생되었다는 것만으로도 자부심을 가질 만하지 않을까.... 이때 고객충성도는 더욱 강화된다.

우린 호구가 아니에요.

자발적인 충성도가 기업을 살린다.

3

고객만족의 부작용,
감정노동과 갑질논란

감정 노동

1990년대 이후 고객만족에 대한 사회적, 기업적 측면에서의 집중화 전략은 상대적으로 해당 분야 종사자들에게 막대한 정신적 충격을 주고 있다.

과거 마케팅시대에 고객에 대한 사고가 없었던 것과 마찬가지로, 현재의 고객만족경영에 서비스종사자란 개념은 빠져 있다. 최근 들어 갑질논란 및 감정노동에 대한 이슈가 지속적으로 제기되고, 그에 따라 「산업안전보건법」(감정노동자를 폭언, 폭행으로부터 보호할 목적으로, 2018년 10월 18일부터 시행)을 통해 감정노동자를 보호하기 위한 조치가 취해졌지만 아직 그 효과는 나타나지 않고 있다.

감정노동(Emotional Labor)은 미국의 사회학자인 앨리 러셀 혹실드(A.R. Hochschild)가 처음 언급한 개념이며, 그의 저서 『관리된 마음(The managed heart)』(1983)에서 "직업상 자신의 감정을 억누르고, 감정에 반하여 정해진 감정을 표현하는 것"을 의미한다고 했다.

일반적으로 감정노동은 물건의 판매나 서비스를 제공하는 등 고객과 직접적으로 상호작용하는 과정에서 발생하며, 대표적으로 전화상담, 승무원, 호텔, 백화점 판매자, 스포츠센터 및 피트니스센터의 접점종업원 등을 예로 들 수 있다. 감정노동 직업군은 지속적으로 확대되고 있다.

한국고용정보원(2015)의 조사결과 전화상담원의 감정노동 강도가 15점 만점 중 12.5점으로 가장 높게 나타났으며, 그 뒤로 호텔 종사자, 중독 치료사, 컨설턴트, 항공기 승무원, 판매원 순으로 높게 나타났다. 또한 취업포털의 2016년 조사 결과 직장인 중 66%가 감정노동자로 인식하고 있다고 했으며, 종사 직무에 따라 감정노동자 인식의 차이가 나타났다. 영업 · 상담 직무는 83.3%, 서비스는 68.7%, 경영 · 사무 · 마케팅은 66.9%로 높은 비중을 나타냈다.

문제는 이들이 받은 스트레스 해소를 위한 방법이 막연하다는 것이다. 가족이나 연인 등 회사 밖에서 감정을 드러내거나, 상사 · 동료 등 회사 내에서 감정을 드러내는 경우는 또 다른 감정노동으로 확대 재생산할 수 있는 소지가 있다. 어디서도 위로받거나 해소의 방법을 찾지 못한 채 가슴속의 상처로 남게 되는 경우, 또 하나의 사회문제로 대두될 수밖에 없다는 것이다.

분명한 것은 그 원인이 어디에 있느냐가 아니라, 감정노동은 실제로 존재하며, 그에 대한 사회적 공론화가 필요하다는 점이다. 최근 감정노동 연구와 내부마케팅 연구가 많이 대두되는 것도 이러한 맥락에서 생각해 볼 수 있다.

감정노동에 대한 사회의 대처

감정노동의 가장 큰 문제는 스트레스 상황에 노출되면서 억눌린 감정을 해소하지 못해 발생하는 신체적 · 정신적 문제로 우울증 등을 경험하는 경우가 많고, 극단적인 선택을 하는 노동자들까지 나온다는 것이다.

노동당국은 물론 기업도 이러한 문제점을 인식하기 시작했다. 사고 발생에 따른 기업 이미지 실추와 직원의 스트레스로 인해 생산성 저하를 가져올 수 있다는 판단에 의해서이다.

LG유플러스 고객센터는 심리상담실과 블루박스(사내소리함) 제도를 운영하여 감정노동에 대한 복지정책을 실시하고 있다. 또한 실내 공기질 관리 및 사내 카페 운영을 통해 상담 맞춤환경을 조성, 피트니스센터와 요가실, 안마실, 휴게실을 운영해 직간접적 프로그램 및 시설개선에 앞장서고 있다. 그 결과, 직원만족도 90%와 함께 이직률이 절반 수준으로 감소하였다.

반얀트리 호텔 역시 다양한 심리지원 프로그램을 통해 감정노동에 의한 스트레스 해소를 위해 노력하고 있다. 감정노동수준과 직무스트레스 평가를 실시하여 웃음치료, 미술치료, 분노조절 카드게임, 풍선터뜨리기, 걷기 마일리지, 건강행태 개선 교육 등 심리적 프로그램을 본격화했다. 이에 따라 호텔 측에서는 이직률 감소와 함께 병가가 줄어들면서 생산성 향상의 효과가 나타난다고 한다.

공공차원에서 감정노동 종사자의 고충을 들어주고 치유 프로그램을 운영하는 감정노동 종사자 권리보호센터가 운현하늘빌딩 9층에 문을 열었다. 이곳은 감정노동 전문가와 심리상담사 등 2개 팀 11명이 상시 근무하고 있으며, 무료 심리상담, 감정회복을 위한 치유 서비스, 피해 예방을 위한 교육 등을 받을 수 있다.

쓰담쓰담, 토닥토닥...

돈 벌러 직장에 왔다 병원에 간다.

감정노동자에 대한 인식의 확대

최근 감정노동에 대한 사회적 인식을 개선하자는 이야기가 많이 들린다. 법적인 조치도 만들어지고 있으며, 기업의 다양한 제도 마련도 증가되고 있다.

우리는 흔히 감정노동자를 인식할 때 상품의 판매 및 서비스 업종으로 한정하여 생각하는 경우가 많다. 즉 고객이나 민원인에게 밝은 미소를 보여야 하는 긍정적 감정노동자에 한정하는 성향이 있다. 하지만 항상 무표정한 얼굴을 유지해야 하는 카지노 딜러와 같은 중립적 감정노동자의 경우나, 조사관 등 자신의 모습을 숨겨야 하는 부정적 감정노동자 역시 자신의 감정을 숨긴 채 일에 몰두해야 하는 어려움을 겪고 있다.

또한, 법률, 의료와 같은 전문서비스 업종에 대한 감정노동 역시 함께 고려되어야 할 것이다. 아직까지는 고학력과 높은 보수가 보장되는 전문서비스의 경우 스스로를 감정노동자로 생각하지 않을 수 있다. 하지만 시대의 변화에 따라 이들의 업무는 지금과는 다른 모습으로 역할이 바뀌게 될 것이다. 인공지능의 발달은 의료기술을 대신하고 사람의 역할은 심리적 안정과 인적 서비스를 제공하는 방향으로 바뀔 수도 있다. 세무회계 서비스 역시 이미 누구나 쉽게 사용할 수 있는 자동화

시스템이 마련되어 있으므로, 이러한 변화는 생각보다 훨씬 더 빠르게 앞당겨질 수 있다.

이제 감정노동은 한정된 직군에서 발견되는 것이 아니라 사회 전체에 영향을 끼치는 중대한 문제임을 인식해야 한다.

또 한 가지 감정노동의 제공자에 대한 인식의 변화이다. 즉, 과거에는 고객과의 마찰이나 직간접적 대면 접촉에 의해 발생하는 것으로 인식하고 있었으나, 감정노동의 대상이 사실상 같이 일하는 동료 및 직장상사 등으로부터 발생하기도 한다는 것이다.

알바몬이 1,370명의 아르바이트생을 대상으로 조사한 결과 85%가 근무 중 감정노동을 하는 것으로 나타났으며, 고객으로 인한 감정노동은 71.5%, 11.2%는 고용주로부터 발생되고 있었다.

직장 내 상사로 인한 감정노동 피해를 호소하는 사례도 증가하고 있다. 실제로 감정노동의 상대를 상사(75.5%)로 제시한 응답이 고객(35.2%), 동료(27.8%), 고객사 및 협력업체(25.2%), 경영진(23.1%)보다 매우 높게 조사되었다.(내일신문, 2018.12.12, 산업재해 사망사고 절반으로 줄이자. "고객, 민원인 갑질에 눈물 흘리는 감정노동자")

어디 한 군데 맘 붙일 곳이 없어.

갑질... 고객문제가 아니라 바로 당신이 문제일 수도...

감정노동의 변화는 교육의 변화에서 시작된다

얼마 전 항공업계에서는 갑질문제로 큰 곤혹을 치렀다. 이를 통해 그동안 내부적으로 곪아 있던 항공 노동자의 열악한 근무실태와 갑질 문제가 계속해서 보도되었고 또 하나의 촛불집회를 만들어냈다. 이를 통해 해결된 것은 없지만, 직장 내 괴롭힘 실태를 조사한 결과 감정노동에 영향을 미치는 중요한 원인이 바로 개인평가에 있다는 것을 찾아냈다.

우리나라 양대 항공사는 승객의 평가에 의해 근무평가 점수가 달라진다. 이러한 평가제도로 인해 승객의 부당한 요구에도 감내해야 하는 현실에 봉착해 있다. 아시아나항공의 경우 고객 불만사항 항목은 전체 점수의 10%를 차지하며, 승객 불만항목에서 등급을 나눠 감점을 적용한다. 대한항공의 경우 근무평가에 승객들의 칭송, 불만 점수를 적용하여 팀별로 경쟁을 해야 하고, 불만 제기 시 팀 성적에 반영되어 그에 따른 스트레스가 심한 것으로 알려졌다.

즉 감정노동의 원인이 바로 사내에 존재하는 평가시스템이었다는 것이다. 행정적 측면에서 보면 이러한 평가방식이 가장 객관적이고 편리한 방식이기 때문에 사용될 수 있다. 하지만 더 근본적인 이유는 우리가 지금까지 살아온 환경에서 비롯된 것으로 생각해 볼 수 있다.

우리 사회는 협력이 아닌 개인의 성취가 교육의 중심이 되었다. 우리나라의 교육은 서열화되어 있고, 그러한 서열화로 대학에 진학한다. 좋은 대학은 좋은 직장으로 연결되고, 그렇기 때문에 부모는 개인 성적 향상에만 온갖 정성을 쏟는다. 이로 인해 개인의 인격 형성은 무시되기 일쑤이다. 이렇게 자기중심적인 인성이 형성되고 사회 속에서 무의식적으로 신분의 차별화를 인식하게 되었다.

그러한 교육은 사회에서도 연장되었다. 교육의 목적이 경쟁이 되고, 그러한 교육(인성이 아닌 서열화)으로 인해 고객은 우월한 신분이라 착각하게 된다. 직장 내부에서는 자신의 성공만이 중요한 목적이 된다. 직장 내에서의 경쟁은 개인 평가로 이어진 것이다. 이로써 고객은 물론 직장 내에서도 감정노동에 시달리게 되었다.

서비스는 한 개인의 능력이 아닌 전체가 협력해야 하는 시스템이다. 우리가 자주 표현하는 지식경영 역시 한 개인의 능력보다 조직 전체의 능력을 공유하는 방식인 것처럼, 서비스를 제공하는 모든 기업은 개인에 대한 평가보다는 조직에 대해 협력할 수 있는 인성이 우선시되어야 한다.

서비스 성적표

도대체 점수가 몇 점이 되어야 하는 거야?

감정노동에 대한 인식이 감정노동을 만든다

감정노동이라는 단어가 1983년에 처음 등장했고, 어느새 우리 사회 전반에 영향을 미치게 되었다. 사실 그전에도 고객으로부터 받는 스트레스는 존재했었고, 까칠한 고객은 항상 있어왔다. 하지만 그에 대한 대처나 느낌은 지금과는 달랐다. 혹시 감정노동이라는 단어가 우리 스스로를 감정노동자로 인식시키고, 하찮은 일에도 크게 상처 입는 상황이 된 것은 아닌가 하는 의문이 든다.

물론, 감정노동에 대한 책임이나 원인을 모두 서비스 제공자에게 돌리자는 것은 아니다. 분명 갑질과 감정노동은 구별해야 함을 말하고 싶다. 즉, 갑질은 일부 인성이 부족한 제공자가 우월한 지위에서 부당한 지시나 억지스런 요구를 함으로써 발생하는 것이며, 감정노동은 보편적으로 특정한 업무나 상황에서 서비스제공자가 개인의 감정을 자제하는 데서 오는 무력감이라는 점에서 다르다.

감정노동이라는 말에 의해 자기연민에 빠져 스스로 무력감을 더 갖게 된 것은 아닌지 고민해 봐야 한다.

그렇기 때문에, 사회적 노력으로서 감정노동에 대한 해결점을 모색할 때, 우선적으로 감정노동에 대한 명확한 이해가 선행되어야 할 것이다.

너는 지금 감정노동을 하고 있다. 하고 있다....

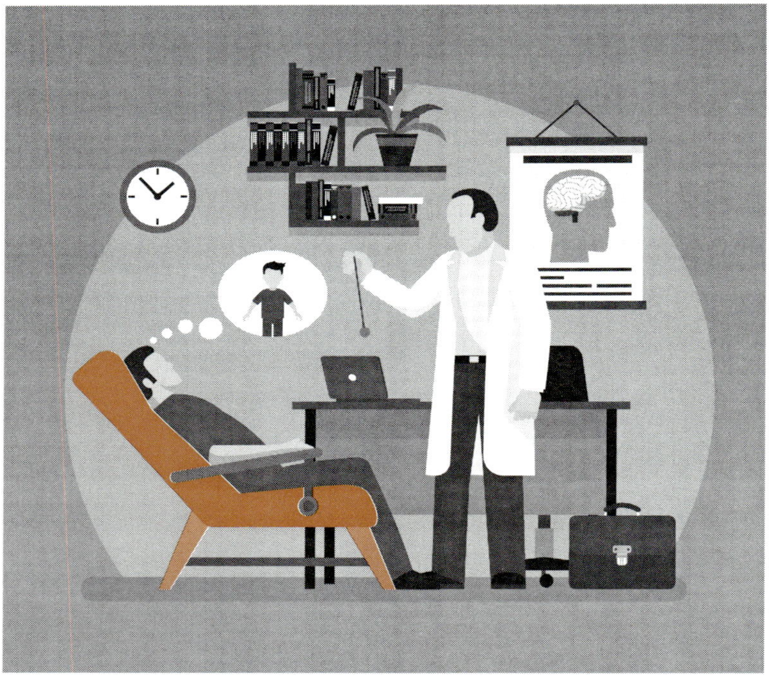

감정노동이란 말이 나를 더욱 감정노동으로 빠져들게 한다.

일하지 말고 서비스를 하라

얼마 전 편의점에서 구두약을 구매하기 위해 들렀다. 아르바이트생으로 보이는 직원은 편의점 차량에서 내린 물건들을 창고에 나르고 있었다. 나는 직원에게 구두약 판매대를 문의했다. 양손에 물건을 들고 있던 직원은 귀찮은 듯한 표정으로 지나가듯 말했다. "저쪽에요." 하지만 그의 턱짓이 맘에 걸렸다. 다시 묻자 짜증 섞인 목소리로 "저쪽 코너 돌면 보여요."라고 대답했다. 나도 모르게 화가 났다. '내가 이런 대우를 받아야 하는가' 하는 의문이 들었다.

가끔 뉴스에서 카페 직원에게 손찌검하는 중년의 여성을 보게 된다. 때리는 장면만 CCTV에 찍혀 갑질녀로 불리게 된다. 유효기간이 지난 카페 쿠폰이 문제였다. 하지만 뉴스의 편집 때문인지 중간에 어떠한 말들이 오고갔는지는 알 수 없다. 혹시 쿠폰의 유효기간이 문제가 아니라 그를 대하는 직원의 태도에 초점을 맞춰 생각해 보면 어떨까?

주변의 지인은 음식이 이상해서 재주문하고 싶은데, 괜히 말했다가 음식에 침 뱉을 것 같아 말을 못했다고 했다. 매일 보는 뉴스에서는 고객의 부당성이 조명되었는데, 사실 주변에서는 점원의 눈치를 보는 고객들도 많아 보인다. 때로는 컵이 제대로 닦이지 않아(컵에 이물질이 묻어서), 항의하려 할 때 주변에서 말린다. 뭐 그런 것 가지고 분위기를 망치냐고.

감정노동이 있다면 분명 감정소비도 있다. 고객만족경영에서 보면 불만고객의 경우 항의하는 것보다 말없이 떠나가는 고객이 더 무섭다고 한다. 불만을 토로하는 고객은 아직 애정이 남아 있으며, 불만사항이 해결되면 좋은 관계를 맺을 수 있다고 한다. 하지만 말없이 떠나는 고객은 불만의 원인이나 이유를 알 수 없기 때문에 개선활동 자체가 불가능하다는 것이다. 이렇게 말없이 떠나는 경우의 고객이 감정소비자이다.

얼마 전 유튜브 채널 중 취재대행소 왱에서(2018년 11월 28일) "돈 드릴 테니 계란프라이 달라는 게 진상인가요?"라는 논의가 눈에 띄었다. 사연을 요약하면 식당 메뉴판에 없는 계란프라이를 주문한 것이다. "계란프라이 두 개 해주세요. 천 원 더 드릴게요." 이에 주인은 다른 직원에게 "여기가 자기 개인 식당인 줄 아나"라고 말이 들리도록 얘기했다는 것이다. 이 내용에 대해 놀라운 것은 네티즌들의 반응이었다. 대부분 진상 손님이 맞는다는 것이다. 팔지도 않는 것을 가격까지 정해서 요구한다는 것은 상식이 통하지 않는 요구라는 의견, 먼저 가능한지 물어봤다면 괜찮다는 의견, 천 원이면 충분한 값이라고 생각하는 자체가 문제라는 의견, 손님의 입장에서 주인은 모든 요구를 고분고분 들어줘야 한다는 사고방식을 고쳐야 한다는 의견 등 다양했다. 사람들은 대부분 갑질이라 생각하고 있었다.

잘잘못을 따지거나 누구의 편을 들고자 한 것이 아니다. 그저 별일 아닌 것에 너무 과하게 반응하고 있다. 이것이 바로 손님의 입장에선 감정노동에 대한 사회적 논의로 인해 스스로 감정소비를 하고 있는 것이며, 주인의 입장에서는 스스로가 감정노동이라는 단어의 속박에 있기 때문이다. 만약 손님의 그러한 요구에 준비할 수 없는 상황이라면, 거절보단 달리 대처하면 될 것이다. 굳이 불필요한 행동으로 미래의 고객을 버릴 필요가 있을까? 차라리 "다음에 오시면 미리 반찬으로 만들어놓겠습니다."는 식으로 말해 재방문을 유도하면 어떨까? 고객은 그 요구가 억지로 변하지 않는 한 언제라도 자신이 원하는 것을 요구할 권리가 있기 때문이다. 그리고 그러한 요구는 또 하나의 경험상품으로 만들어질 수 있기 때문이다.

아이들 때문에 패스트푸드점(유명 햄버거 체인점, 피자 체인점 등)에서 음식을 주문할 때 가끔 이러한 일을 겪곤 한다. 일단 나이가 있다 보니 주문에 서툴기는 하다.

(점원) "무엇을 드릴까요?"

(주문자) "○○햄버거 세트 두 개하고요, 콜슬로 두 개,… 치즈스틱 하나 그리고… 으음(약간 머뭇거림)"

그러자 점원은 바로 "○○햄버거 세트 두 개, 콜슬로 두 개, 치즈스틱 하나 총 ○○○원입니다."

나는 다른 음식 몇 개를 더 주문하려 했는데, 점원이 다짜고짜 매뉴얼대로 빠르게 정리했다. 내 주문은 더 이상 듣지 않고…

아마도 이러한 상황은 누구든 겪어보았을 것이라 생각한다. 그 점원은 열심히 일했을 뿐인데, 소비자로서는 무척 불편하고, 불쾌하기 그지없다. 즉 점원은 고객의 입장에서 일하기보다는 본인의 입장에서 열심히 일했으나, 서비스에 대한 진정한 의식은 없었던 것이다. 이러한 상황에서 소비자는 불쾌함을 느껴 감정소비가 일어난다.

고객만족을 원한다면 감정노동에 대한 논의와 함께 감정소비에 대한 관점에서 서비스를 다시 고려해 보는 것이 좋다. 앞의 편의점 사례에서 고객이 화를 냈을 때 직원은 '열심히 일했는데, 왜 나한테 화를 내지? 난 감정노동을 하고 있어. 저 사람은 고객이라고 갑질을 하는 거야.'라고 생각했을 수 있다. 그리고 유명 햄버거 체인점 점원도 마찬가지다. 난 그들에게 이런 말을 하고 싶다.

"일하지 마세요. 제발 서비스를 하세요."

카페 손님의 경우에도 직원이 일을 하지 않고 서비스를 제공했다면 어땠을까? 이미 지난 쿠폰을 제시했을 때 진정으로 고객의 마음을 읽고 다른 대처방안을 제시할 수 있었다면 상황은 바뀌었을지 모른다.

감정노동 연구에서는 감정노동자가 어떠한 마음가짐으로 서비스를 수행하느냐에 따라 스트레스 노출 정도가 달라진다고 보고하고 있다. 즉 감정노동은 마음가짐에 달려 있다는 것이다. 감정노동을 얘기할 때 스스로를 '을'로 비하하여 일하지 말고, 고객과 즐겁게 소통하는 서비스를 제공한다면, 그래서 서비스 리더가 된다면 감정노동 역시 사라지는 세상이 올 것이라 생각한다.(감정노동은 부정적 감정노동이 아닌 긍정적 감정노동으로 전환되어 일이 즐거워질 것이다.)

제발 일하지 마세요. 서비스를 하세요.

소비자도 역시 감정소비에 시달린다. 당신이 해야 할 일은 서비스입니다.

고객만족경영을
위한

6

POWER

4

진정한 고객만족의 전제조건, 소통의 문화 만들기

고객만족 어떻게 접근하는가?

충성고객과 만족고객은 다르다

만족한 고객과 충성고객은 재구매를 할 것인가? 충성고객은 분명 만족한 고객일 것이다. 하지만 만족한 고객이 모두 충성고객이 되는 것은 아니다. 이론적으로 생각하면 만족한 고객은 자신이 생각하고 있던 기대치보다 제품 및 상품의 가치가 더 크기 때문에 당연히 지속적으로 재구매를 해야 할 것이다.

하지만 고객의 소비패턴은 매우 복잡다단하기 때문에 기업의 제품과 서비스에 만족했다고 해서 계속해서 구매한다고 생각하면 안 된다.

고객만족경영은 기존 고객과의 소통이다

고객만족이 현대에 들어서 비중 있게 다루어지는 이유는 경쟁상품의 과다경쟁으로 인하여 잠재고객이 고갈되었기 때문이다. 이러한 이유로 기업은 재구매를 통해 기존고객을 유지하는 방법을 찾았고, 그 결과 고객만족경영이라는 전략이 부각되었다.

1990년대 초반, 한국능률협회에서 시작된 고객만족도 조사는 각 부문별 고객만족도 순위를 통하여 기업 간 고객유지를 위한 또 다른 경쟁으로 이어졌다. 하지만 이러한 경쟁 측면의 고객만족도 순위는 기업에게 고객만족경영의 근본적인 의미를 잊게 하고 있다. 고객만족에 대하여 기업에 질문했을 때, 사람마다 고객만족에

대한 인식과 정의가 다르게 나타난다. 이것은 그저 타 기업에서 고객만족경영을 하기 때문에, 기업의 인사고과와 관련되기 때문에, 고객만족도 1위 기업이라는 홍보 · 광고용 이미지를 갖기 위해 그저 따라 하는 고객만족경영이 이루어지고 있기 때문이다.

고객만족경영을 위해서는 우선 고객만족의 개념을 다시 정의해 볼 필요가 있다. 고객만족은 상품이나 서비스를 구매하여 사용해 본 후 평가를 통해 고객이 갖게 되는 만족 정도를 의미한다. 즉, 상품이나 서비스의 구매 전에 형성된 기대치와 구매 사용 후에 느끼는 지각된 가치 간의 차이로 나타난다.

기대치가 가치보다 높을 때 고객 불만족으로 나타나, 고객은 이탈하고 기회와 역할이 상실되며, 최소한 기대치와 가치가 같거나 지각된 가치가 더 높을 때 고객은 만족하고 감동하게 되며, 충성도가 발휘될 수 있는 기회가 발생한다. 이는 결국 다른 기업과의 경쟁을 통한 마케팅 전략이라기보다, 고객과 기업 간의 소통을 통한 가치의 전달적 측면이 강하다는 것을 생각해 볼 수 있다.

따라서, 고객만족경영이 기업 간 경쟁을 더욱 치열하게 만드는, 또는 몇몇 기업의 홍보용으로 활용되는 순위 경쟁이 되어서는 안 된다.

나 참 누구 맘대로 일등이래.

왜 쟤가 일등이야? 지들끼리 잘들 논다.

고객만족은 대화에서 시작된다

고객만족을 위한 기업들의 첫걸음은 주로 불만처리과정과 애프터 서비스, 서비스태도 교육에서 시작되었다. 고객만족이 처음 도입되었던 1990년대 초에는 고객과 직원이 만나는 고객접점에서 친절 서비스의 개선이 주를 이루었다.

지금도 고객만족이라고 하면, 서비스태도와 고객상담자세, 이미지 메이킹, 걸음걸이, 인사법, 비즈니스 매너와 같이 태도 중심의 직원교육이란 생각을 떠올리게 된다. 특히 이러한 교육은 서비스의 대표적 업종인 항공사 승무원을 통해 교육되었고, 그래서인지 직원교육이 이루어지는 식당에 가보면, 승무원식 스타일로 인사를 하고 있다. 그만큼 이제는 모든 업종과 규모를 떠나 고객만족을 위한 서비스 태도의 중요성을 인식하고 있고, 마찬가지로 고객만족을 위한 최고의 서비스를 제공하게 되었다는 점에서는 이의가 없다. 하지만 한 가지 아쉬운 점은 각 업종에 따라 갖춰야 하는 서비스태도의 차별성이 없다는 점이다.

현재는 고객접점의 서비스 개선에서 더 나아가 고객의 욕구와 필요를 파악하여 고객만족업무 프로세스와 시스템을 개선하는 총체적인 경영이념으로 발전하였다.

이는 기업의 경쟁력 요소인 내부 핵심역량 강화 요소와 시장경쟁력 요소 모두를 총체적으로 관리하여 차별화된 최고의 가치를 제공하는 것을 의미한다. 하지만 이러한 고객만족경영이 모든 기업에서 현실적으로 가능하진 않다. 대규모 조직과 인력이 뒷받침되고 경영진의 역량과 그에 따른 자본이 뒷받침되어야 가능할 것이다. 무엇보다도 총체적 고객만족경영이 실현되기 위해서는 고객만족의 목적과 필요성 그리고 그에 따른 기업의 비전을 공유하고 있어야 한다.

총체적 고객만족경영을 실천하고 있는 기업도 다시 한 번 진정 고객만족경영의 목적과 필요성, 그리고 그 성과를 충실히 평가하여 차기 계획 수립에 적절히 반영하고 있는지 생각해 보아야 한다.

업종, 규모, 단계와 그 필요성의 분명한 인식 없이, 그저 경쟁업체를 따라 하는 식의 고객만족경영은 스트레스로 이어져 직무만족 및 조직만족의 저하만 가져올 수 있다.

겉도는 고객만족경영을 위한 CRM(최정환 외 2인, 2008)에서는 실제로 고객만족을 담당하고 있는 기업의 임원 역시 고객만족조사가 왜 필요한지, 고객만족점수 몇 점이 무엇을 의미하는 것인지, 고객만족점수가 어느 정도 향상되어야 하는 것이며, 그에 따라 무엇을 어떻게 해야 하는지를 잘 알지 못한다고 한다.

기업이 왜 고객만족을 지향해야 하는 것인지, 그리고 고객만족을 통해 우리가 이루고자 하는 비전을 공유하는 것이 우선이다. 그렇기 때문에 고객만족경영을 위해서는 고객만족을 위한 가장 기본적 요소가 선행되어야 한다.

고객만족을 넘어 총체적 고객만족경영의 시대에서 역량 있는 대기업 및 중소규모의 기업이 성과를 내기 위한 방법은 바로 고객과의 대화를 소중히 한다는 고객만족의 원칙적 개념일 것이다.

대화를 통해 고객에 대한 정보를 얻게 되고, 이러한 정보가 쌓여 지식이 되며, 고객을 잘 알고 제공된 제품과 서비스를 통해 자연스럽게 고객충성도를 갖게 되고 그러한 충성고객이 기업의 이윤을 창출시키게 된다는 것은 당연한 사실이다. 1980년대 후반 미국의 한 조사에서 신규고객을 창출하는 데 드는 비용이 기존고객을 유지하는 데 드는 비용의 5배 정도 된다는 연구결과를 발표하였다. 이는 새로운 고객을 창출하는 것도 중요하지만 현재의 고객을 유지하는 노력도 매우 중요하다는 시사점을 준다. 즉 기업의 이윤 창출을 위해서 충성고객이 필요하며 이러한 충성고객은 고객과의 대화에서 비롯된다는 것을 역으로 설명할 수 있다.

고객이 원하는 대화는 경청이다

부대의 이전으로 한 마을이 모두 이전해야 하는 경우가 있었다. 하지만 그 과정에서 합의가 되지 않고 지역주민과 지방자치단체 간에 마찰이 빚어졌다. 처음에는 작은 움직임이었으나, 시간이 갈수록 갈등과 대립구조가 형성되었다.

갈등은 칡나무 넝쿨과 등나무 넝쿨이 서로 얽혀 있는 모습을 빗대어 말하는 것이다. 두 넝쿨은 회전방향이 달라 서로 엉켜 있을 때 분리하기 어렵기 때문이다. 이들 사이의 문제는 무엇이었을까?

그 지역의 문제를 해결하기 위해 방문했을 때, 지역주민이 모여 군청 앞에서 시위를 벌이고 있었다. 하지만 시위라고 하기엔 너무 평온했고 밝은 표정으로 축제하듯 주민끼리 대화를 나누고 있었다. 회의차 출장 중인 군수가 돌아와 답변하겠다고 하여, 기다리는 중이라 했다. 하지만 군수가 들어와 주민들에게 이렇게 말했다. "더 이상 협상은 없습니다." 그러자 주민들은 "우리가 그 열 마디를 듣자고 지금까지 기다린 것이냐."라며 고성을 지르기 시작했다. 갈등국면이 시위국면으로 바뀌는 순간이었다.

그들은 그 마을에서 낡았어도 편하게 누울 집이 있었고, 작은 땅이라도 농사지어 생계가 가능했다. 하지만 부대 이전으로 인해 그들은 고향을 잃고 떠나야 하는 신세가 되었다. 더욱 큰 문제는 그들이 받는 보상금으로는 다른 지역에서 월세를 얻기도 힘들고 생계 자체가 어려운 처지로 내몰린다는 것이다. 부대 이전을 막을 수 없다면 그들이 살 수 있는 공간을 마련해 달라는 것이 그들의 요구사항이었다. 무엇보다 그들이 참을 수 없던 것은 그들의 소리를 듣지도 않는 태도에서 비롯되었다.

귀농귀촌에 대한 관심이 높아지면서, 실제로 귀농귀촌을 준비하는 사람들이 늘고 있다. 그러다 보니 그에 따른 실패사례 역시 많이 발생한다. 심지어 어렸을 적 고향으로 다시 돌아온 사람이 텃세 때문에 1년 만에 다시 쫓기듯 도시로 나온 경우도 있다. 그들이 도시를 떠날 때 모든 것을 정리하고 나온 터라 귀농귀촌에 실패할 경우 경제적 손실은 이루 말할 수 없을 정도로 크다. 왜 실패하는 것일까?

농촌은 도시와는 다른 문화를 갖고 있다. 개인의 사생활보다는 공동체적 성격이 강하다. 농업은 협력관계가 매우 중요하기 때문에 생겨난 문화이다. 하지만 도시민은 개별적인 사생활을 매우 중요시한다. 그것이 도시의 삶이고 예의이기 때문이다. 그래서 농촌지역에 집을 지을 경우 가장 먼저 측량을 하고 경계를 명확히 한다. 집을 짓기 위해선 도시에서는 당연한 절차지만, 농촌에서는 선을 긋는다고 생각하게 된다. 그래서 지역에서는 오해를 할 수밖에 없다. 이후 모든 일에서 민원이 발생한다. 집을 짓는 것조차 힘들다. 선을 긋는다는 것이 그들과 소통하지 않겠다는 의미로 받아들여질 수 있다. 이 역시 넓은 의미에서 소통의 중요성을 말해주고 있다.

노사갈등이 커지면서 상대적으로 약자인 직원의 경우 불합리한 처우에 대해 진정하는 사건이 많이 일어난다. 진정의 경우 이미 갈등이 심화된 상태이고, 이러한 갈등관계는 양측 모두 부정의 태도로 일관하기 때문에 양측 모두를 만족시킬 수 있는 묘안은 있을 수 없다. 어느 쪽도 양보하려 하지 않기 때문이다. 여기서 가장 스트레스를 받는 쪽은 양측을 상대하는 근로감독관이다. 만약 근로감독관이 일로 받아들인다면 스트레스는 상당히 심해지며, 업무를 수행하는 데 있어서 그저 절차나 법대로 처리할 수밖에 없다. 하지만 일이 아닌 서비스 측면에서 양측의 입장을 잘 경청하고 이해한다면 더 보람된 일을 하게 될 것이다. 이미 그 사건의 결말에 대해 법적으로 어찌될 것인지 양측 모두는 알고 있을지 모른다. 그들이 원하는 것은 자신의 사연을 누군가 이해해 주길 바라는 것일지 모른다. 경청하는 것만으로도 양측은 위로받을 수 있을 것이다.

부대 이전에 있어서 주민들의 생각을 변명이나 해결하려는 노력 이전에 잘 들을 수만 있었다면, 갈등관계로 발전하지 않았을지 모른다. 또한 귀농귀촌 시에도 지역주민의 문화를 경청한다면 이런 문제 역시 발생하지 않았을 것이다.

경청은 가장 좋은 소통의 수단이 된다.

소통 좀 합시다.

갈등 해결은 담장을 무너뜨리고, 경청하는 자세...

고객만족경영,
기업문화가 먼저 바뀌어야 한다

매슬로 교수의 '인간욕구 5단계 이론'에서 보면 생리적 욕구, 안전의 욕구, 소속(애정)의 욕구, 존경(자아존중)의 욕구, 자아실현의 욕구로 점차 높아지는 피라미드 구조로 되어 있다.

생리적 욕구는 의식주와 같이 기본적인 일상생활을 위한 욕구를 의미하며, 인간 생존과 직결되기 때문에 가장 강한 욕구로 인식된다. 이러한 기본적 욕구가 충족되어야만 그 상위단계인 안전의 욕구로 발전될 수 있다. 안전의 욕구는 위험, 위협, 박탈에서 자신을 보호하고 불안을 회피하고자 하는 욕구이다. 소속의 욕구는 가족, 친구, 친척 등과 친교를 맺고, 원하는 집단에 소속되어 귀속감을 느끼고 싶어 하는 단계이다. 존경의 욕구는 사람들과 친하게 지내고 싶은 욕구이며, 타인으로부터 신뢰와 존경을 받고자 하는 욕구이다. 관광에 참여하고자 하는 단계가 바로 4단계인 존경의 욕구 이상에서부터 시작된다고 한다. 마지막 단계인 자아실현의 욕구는 계속적인 자기발전을 위해, 자신의 잠재력을 최대한 발휘하는 데 초점을 둔 욕구라고 할 수 있다. 자아실현의 욕구는 욕구가 충족될수록 더욱 증대되는 경향을 보이므로 이를 성장욕구라고도 한다. 알고 이해하려는 인지적 욕구, 심미적 욕구 등이 여기에 포함된다.

이러한 '인간욕구 5단계 이론'을 마케팅 변천과정과 연계해서 생각해 보면 우선 생리적 욕구는 매우 결핍된 상태인 생산의 시대와 관련지을 수 있다. 사회적 배경 자체가 물량이 매우 부족했던 시대로 가장 기본적인 욕구 충족의 시대라 할 수 있다. 안전의 욕구는 판매지향시대와 연계된다. 이젠 생산량이 어느 정도 충족되고 경쟁이 시작되었기 때문에 소비자들은 더욱 안전하고 가치 있는 상품을 구매하기 시작한다. 소속의 욕구는 마케팅의 시대와 맥락을 같이한다. 브랜드를 자기의 가치와 동일시하여, 차별화를 원한다는 것이다. 특정 브랜드를 선호하고 그 브랜드를 소유함으로써 같은 준거집단과의 소속감을 느끼는 단계라고 할 수 있다. 존경의 욕구는 사회적 마케팅 시대이다. 기업의 욕구는 이제 이윤만을 추구하는 것이 아니라, 사회와 소통하며 좋은 이미지를 구축하고, 존경받는 기업으로 성장하려고 한다. 그렇다면, 자아실현의 단계와 일맥상통하는 마케팅 발전단계는 무엇인가?

자아실현이 충족될수록 더욱 증대된다는 성장욕구의 경우, 분명히 고객만족과 연계될 수 있을 것이다. 여기서 고객만족은 일회성 경험으로 충족되는 것이 아니라, 지속적으로 성장되는 만족욕구로 이해되어야 한다. 즉 고객만족을 위한 기업문화의 토대가 구축되어야 한다. 이를 위해서는 단순 소비고객뿐만 아니라, 내부고객인 직원, 지역사회, 주주와 기업과 관련 있는 모든 이해관계자 등으로 확대되어야 할 것이다.

생산의 시대, 판매의 시대, 마케팅 시대에서 기업의 관점은 오직 이윤이었다. 하지만 사회적 책임의 시대 이후, 자아실현을 위한 기업문화 중심시대로 변천되어야 한다는 것이다.

앞으로 마케팅은?

소확행, 감정대리인, 케렌시아... 결국은 자기만족, 자아실현이네....

고객만족경영을
위한

6

POWER

5

고객만족경영,
6POWER로 접근하기

고객만족
6POWER코드로 접근하자

기업이 존재할 수 있는 원동력은 분명히 고객으로부터 나온다. 그래서 기업은 끊임없이 한 명의 고객이라도 더 확보하기 위해 노력한다. 고객만족이 필요한 이유는 바로 기업의 존립을 위해서이다. 제품에서 서비스, 구매 후 활동에 이르기까지 고객만족경영이 가장 핵심이다. 하지만 이렇게 복잡하게 연결된 고객의 구매행동을 어떻게 해석하고 적용해야 할까? 성공사례에서 그 사례들이 모든 기업에 똑같이 성공사례로 접목될 수 있을까?

그래서 수많은 성공과 실패사례로부터 각 기업에 맞는 성공모델을 완성하기 위해 가장 핵심적인 요소를 코드화하여 적용해야 한다. 각 고객만족의 코드를 순서화하고 고객만족경영을 위한 실천방안을 찾아내는 것이 또 하나의 성공사례를 만들어낼 수 있을 것이다.

이것이 6POWER코드이다. 6POWER는 고객만족의 기업문화코드이다. 즉 마케팅 전략의 결과를 만들어내는 것이 아니라 고객만족을 위한 전략 수립의 과정에서 꼭 기억해야 할 요소로써, 고객만족을 위한 기업활동의 행동지침으로써, 고객만족을 위한 제품(상품), 서비스 및 기업 이미지 개발의 과정으로써, 원활하고 발전적인 의사소통의 방안으로써, 자아실현의 과정으로써, 고객만족을 태도가 아닌 기업의 문화로

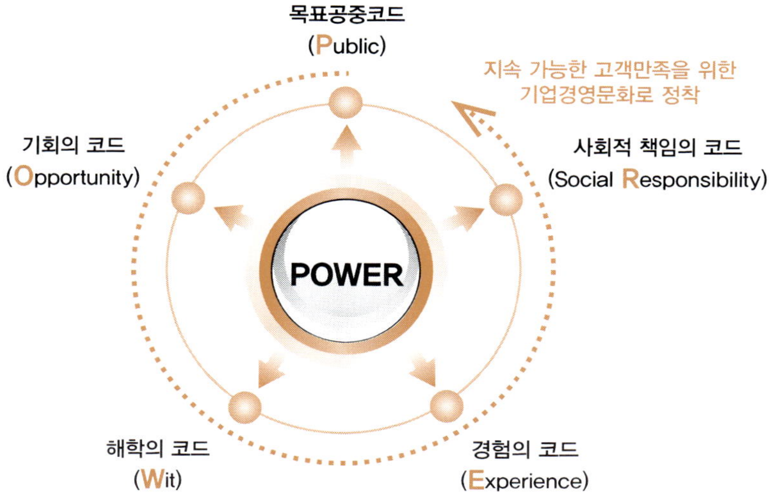

〈6POWER 코드〉

써 제시하고자 한다.

6POWER는 목표공중코드(Public), 기회의 코드(Opportunity), 해학의 코드(Wit), 경험의 코드(Experience), 사회적 책임의 코드(Responsibility)의 5개 요소와 이러한 코드들이 지속 가능한 고객만족을 위한 기업경영문화로 정착될 수 있는 시스템코드를 합쳐 6개의 고객만족코드로 구성된다.

목표공중코드

고객에 대한 접근방식부터 변화시키자

마케팅 관련 서적을 보면, 공통적으로 고객을 올바르게 이해하는 것이 가장 중요하다고 한다. 물론 기업의 생존이 고객의 소비에서 이루어지므로 이는 당연한 원칙이다. 만약 모든 기업의 고객이 한정되어 있고, 한정된 고객으로 기업의 생존이 가능하다면 고객을 온전히 이해할 수 있을 것이다. 하지만 고객이란 의미가 너무 광범위하고, 잠재고객이 포함되어 있어 진정한 의미에서 고객을 이해한다는 것은 실로 어려운 과제라 할 것이다.

KBS2 TV에서 방영되는 개그콘서트에 여장한 남자가 고객으로 나오는 코너가 있었다. 돈 많은 부잣집 사모님과 딸이 사소한 제품의 하자를 이유로 보상을 받는다는 내용인데, 마지막 장면에선 "있는 사람들이 더하네"라는 말로 끝을 맺는다.

한번은 맥주집 주인과 같이 얘기할 기회가 있었다. 양복 손님보다 점퍼 손님이 오히려 돈이 된다고 했다. 양복 손님들은 돈이 많을 것같이 보이지만, 모두 월급쟁이라 쓸 돈이 항상 부족하고, 점퍼 손님들은 자영업이나 일당 근로자들인데, 오히려 돈 씀씀이도 크고, 이해심도 넓더라는 것이다.

욕쟁이할머니 가게는 누구나 아는 이야기이다. 만약 다른 식당에서 식사하는 도중에 종업원이 조금만 불편을 끼치거나, 예의에 어긋나게 행동할 때도 화를 내던 사람들이 욕쟁이할머니 집에서는 자기 돈을 내며 욕을 듣고 좋아한다.

건물 사이에 있던 라면집이 돈을 모아 자기 가게를 버젓이 차렸다. 매장도 깨끗하고 넓었다. 맛도 예전과 다름없었다. 그런데 어찌된 영문인지 그 가게는 개업한 지 1년도 되지 않아 문을 닫게 되었다. 예전의 그 분위기를 잃었다는 것이다.

정말이지 고객들의 생각을 이해한다는 것은 어렵다. 왜냐하면 고객이라는 틀 안에서 이해하려 하기 때문이다.

고객이라는 개념의 틀 안에서 기업들은 시장을 세분화하기 시작한다. 다양한 소비패턴을 갖고 있는 고객들을 분류한다. 인구통계학적인 특성으로 또는 라이프스타일에 따른 특성 등으로 시장을 세분화하고, 각 특성에 맞는 마케팅 전략을 수립한다.

그렇다면 왜 고객에 대한 마케팅 전략이 모두 성공을 거두지 못하는 것일까? 철저하게 분류하고 욕구를 찾아내고 이해했지만, 대부분 사업은 성공을 거두지 못한다.

고객을 소비의 주체인 시장의 개념으로 접근하기 때문이다. 결국 자연적으로 생성된 고객의 욕구나 고객소비의 목적, 고객의 관심 정도에 따라 분류되는 것이 아니라, 기업의 입장에서, 기업의 편의 또는 마케팅상의 편의에 의해 분류하기 때문이다.

고객의 특성에 대해 우리가 접근한 것은 사회적으로 보편타당한 가치에 대한 접근 정도일 것이다. 모두는 아닐지라도 대부분이 그러한 현상을 보이는 심리적 요인이나, 현대사회의 가치관 및 필요와 욕구에 대한 이해에 대해 논의되고 있는 것이다.

고객을 올바르게 이해해야 한다. 그러기 위해서는 고객의 소리에 따라, 지향하는 목적에 따라, 커뮤니케이션할 수 있는 대상으로서 접근해야 할 것이다. 그러기 위해서는 고객에 대한 개념의 틀부터 깨어야 할 것이다. 그것이 고객만족경영으로 가는 바로 첫 단계인 것이다.

고객의 틀을 깨다

좁은 의미에서 고객이란, 상품과 서비스를 구매하거나 이용하는 손님으로 정의한다. 이는 결국 고객은 판매대상이며 시장이라는 의미로 해석된다.

넓은 의미로 확대하면, 상품을 생산하고 이용하며, 서비스를 제공하는 일련의 과정에 관계된 자기 이외의 사람으로 정의한다. 결국 협의의 관점에서는 그 대상의 폭이 너무 좁고, 광의적으로 해석하면 모두가 고객이 되는 막연하고 포괄적인 개념이기 때문에 광의의 고객을 대상으로 기업이 대화하기란 너무 어려울 수밖에 없다.

이러한 이유로, 만족의 대상은 주로 경제적 소비의 주체인 상품의 소비자로 한정하여 고민하고 해결방안을 찾고자 했다.

소비자는 상품의 소비자임과 동시에 공급자가 되기도 하며, 직원이 되기도 하며, 관련된 가족일수도 있다. 이로 인해 고객의 성향이 수학 답안지처럼 확정될 수 없다는 것은 누구나 아는 사실이다. 따라서 이러한 결과를 토대로 마케팅이나 서비스 전략에 활용한다는 것은 위험성이 있다. 하지만 현재로서는 통계적 유의성에 의존하는 것 외에 대체할 수 있는 특별한 방법이 없는 것이 사실이다.

고객에 대한 생각의 틀을 깨어보면 어떨까? 이제는 고객의 정의를 공중으로 해석해 보자.

공중은 특정한 공공문제에 대해 관심을 표명하고 그들의 관심이 정책결정의 고려대상이 되는 다수의 사람을 말한다. 간략하게 설명하면, 공통된 특정 문제나 사안에 대해 관심 있는 사람들의 집단을 의미한다.

따라서, 공중은 판매의 대상이 아니라 우리가 대화하고 함께 문제를 해결해 나가야 하는 소통의 대상이라는 것이다.

우리의 고객은 현재 상품을 구매하는 사람이며 가족이며 납품업체이며 유통업체인 일인다역의 공중이다. 고객을 공중으로 해석하면 우리가 얘기하고자 하는 고객이 더욱 명쾌해진다. 구매고객, 내부고객, 거래처고객 등 기업활동과 관련된, 우리 기업에 관심 있는 모든 대상이 공중이라는 개념으로 확정된다. 만족경영의 분명한 대상은 바로 공중이 된다. 상품 판매를 위한 서비스만족이 아니라, 공중의 욕구를 만족시키는 서비스(소통의 서비스)만족이라는 생각으로 전환된다.

우리 고객은 당신이 아니라 당신 지갑 속 돈이야.

고객은 경제적 관점이다. 소통의 대상인 공중으로 인식을 변화시키자.

공중은 내부에도 존재한다

자연주의 화장품 이니스프리가 직원들의 근무여건 개선을 위해 '그린어스'(이니스프리 매장직원)에게 다리 마사지기 등 웰빙물품을 지급했다. '직원만족이 고객만족으로 이어진다'는 경영철학에 따라 다섯 가지 건강증진물품이 들어 있는 그린어스 생스 키트(Thanks Kit)를 나눠준 것. 전국 600여 매장, 2천여 명의 직원에게 제공된 그린어스 생스 키트는 다리 마사지기, 스트레치 발판, 다리 전용 마사지젤, 미스트 그리고 우드 마사저로 구성됐다. 이 물품을 잘 활용할 수 있도록 스트레칭 클래스를 진행하고 근무 중 활용도를 높이기 위해 스트레칭 동영상을 제공하는 등 실질적인 효과가 나도록 지원하고 있다.

세상은 변하고 있습니다.

프런트 직원의 행복이 고객을 행복하게 만듭니다.

이젠 좀 변해도 되지 않을까요?

고객만족, 공중만족을 위한 커뮤니케이션이 중요

공중의 개념은 대중이나 군중과의 비교를 통해 좀 더 쉽게 이해할 수 있다.

공중은 군중과 대비하여 쉽게 이해할 수 있는데, 군중은 많은 사람들이 동일한 시간과 장소에 일시적으로 집합하여 형성된 것으로, 한 가지 같은 관심사를 갖고 일정한 장소에 모인 집단을 의미한다.

대중은 우연히 같은 지역에서 생활함으로써 공통의 매체를 통하여 정보를 공유할 수 있는 단위로 해석될 수 있다. 즉 대중매체가 전파할 수 있는 범위 내의 모든 정보 소유자가 대중이 되는 것이다. 공중과의 차이점은 공중의 경우 그 구성원 간에 직간접적인 커뮤니케이션을 통하여 여론이 형성되지만, 대중은 서로 의사소통이 없고 일방적 매스커뮤니케이션의 수신자라는 점이다.

CRM, 마케팅 등 다양한 기업의 활동에 있어서 그 객체는 고객이다. 그리고 고객은 시장의 개념으로 접근되었다. 내 상품을 구매하는 소비자, 미래의 잠재적 소비시장으로서 접근하였다. 물론 내부고객, 직접적 기업환경으로서 이해관계인 등을 의미상 포함하고 있지만 기업에서 생각하는 고객의 관점은 여전히 시장의 개념이 강하다.

우리가 고객을 공중의 관점에서 본다는 것은 고객을 구매시장이 아닌 기업에 관심을 갖는 자와의 커뮤니케이션을 확보한다는 것이다. 즉, 소통의 대상으로 파악되어야 한다는 것이다. 영업과 마케팅에서의 고객이 아니라 기업과의 소통의 대상인 공중의 개념으로 중심을 옮겨야 한다.

인사관련 부서에서 공중은 내부직원, 외부인력, 인력시장, 대학교 등이 될 것이며, 공중과의 원활한 커뮤니케이션 방법을 강구하고 다양한 매체를 통하여 대화하는 것이 궁극적인 고객만족이 될 수 있는 것이다.

공중의 개념으로 접근하자는 것은 궁극적으로 시장의 개념에서 소통의 개념으로 접근의 틀을 깨자는 것이다. 공중의 개념으로 접근했을 때, 기존고객, 잠재고객, 비고객은 물론, 제품 및 서비스와 관련된 모든 관여자를 포함할 수 있으며, 일반적인 고객만족이 아니라, 각 공중의 특성에 맞는 차별적 만족을 제공할 수 있다.

상황에 맞게 대처해야.

공중의 특성에 맞는 차별적인 만족을 제공하라.

공중을 분류하여 각 공중에 대한 상황을 이해한다

그루닉은 공중을 문제인식과 관여도, 제약인식의 정도에 따라 분석하여, 활동적 공중, 자각적 공중, 잠재적 공중, 비공중으로 분류하고 있다.

활동적 공중은 문제의식이 높고 관여도가 높지만 제약인식이 낮아 직접적으로 활동에 참여하는 공중을 의미한다. 자각적 공중은 문제인식은 높지만, 관여도는 낮고 반면 제약인식이 강하여 자각은 하고 있지만 그에 대해 별다른 반응을 보이지 않는 공중이다. 잠재적 공중은 문제인식이 낮고 관여도가 낮아 관심이 적은 공중이며, 비공중은 아예 이슈 그 자체에 무관심한 공중을 의미한다.

조계현의 'PR 실전론'에서는 PR실무자들이 공중을 정확히 이해하지 못하거나 확인하지 못할 경우 다음과 같은 실수를 저지를 수 있다고 경고한다. 첫째, 비공중을 대상으로 프로그램을 계획하고 실행하는 것이다. 이는 예산과 시간의 낭비가 될 것이기 때문이다. 둘째, 활동적 공중이 되기를 기다리는 것이다. 잠재적 공중이나 자각적 공중이 활동적 공중이 되었을 경우 더 많은 시간과 예산을 투자하게 된다. 셋째, 자각적 공중과 그 문제에 대해 커뮤니케이트하지 않는 것이다. 이렇게 되면 자각적 공중은 조직체의 PR문제를 왜곡할지 모르는 다

른 출처로부터 조직체와 문제에 관한 정보를 구하게 된다. 그러나 다른 출처는 조직체만큼 문제를 잘 알거나 설명할 수 없다. 또한 자각적 공중은 문제를 일으킨 조직체를 적극적으로 반대하거나 혹은 정부와 같은 규제기관을 통하여 압력을 행사토록 하거나 손해배상을 청구할 수도 있다. 넷째, 활동적 공중과 커뮤니케이트할 수 있다고 기대하는 것이다. 공중이 일단 활동적 공중으로 발전하면 그 공중과 커뮤니케이트한다는 것은 거의 불가능하다는 것을 알아야 한다. 활동적 공중은 기존의 태도와 행동을 강화시키는 정보만을 선별적으로 추구하고 기업하는 경향이 있기 때문에 그들을 설득하거나 이해토록 하는 것은 다른 종류의 공중처럼 용이하지가 않다.

– 조계현(2005), 『PR 실전론』, 커뮤니케이션북스, pp.52–53.

활동적 공중, 감성으로 접근한다

그루닉의 공중 분류는 사실 문제에 대한 반응 정도의 개념에서 접근되었지만, 공중의 개념을 고객만족 활동에 접목하는 것은 그리 어렵지 않다. 우선 활동적 공중의 경우 기업 또는 제품(상품) 및 서비스에 대한 문제인식이 높은 고객이며, 이들은 불평 또는 불만을 적극적으로 제시하는 고객이다. 또한, 기업을 도와 적극적인 활동을 펼치는 충성고객 역시 활동적 공중으로 분류할 수 있다. 긍정적이든 부정적이든 기업과 직접적인 관계를 맺고 활동하는 적극적인 고객이 바로 활동적 공중이 된다.

고객만족경영에 있어 이러한 활동적 공중은 비교적 긍정적으로 받아들여진다. 불만고객이나 충성고객이나 모두 현재 소비를 한 공중이거나, 회사와 직접 관계를 갖는 납품업체, 공급업체, 내부직원 및 가족, 기자, 정부관계 부처 등 그에 따른 명확한 입장을 보이고 있어 비교적 그 대상을 명확히 알 수 있기 때문이다. 또한 표현된 불만고객의 경우 불만처리를 통하여 충성고객으로 변하게 할 수 있다는 장점도 있다. 활동적 공중에 대해 접근할 때는 문화에 대한 이해가 뒷받침되어야 할 것이다.

내가 사는 지역에 비교적 규모가 큰 근사한 갈비탕 전문 식당이 생겨 방문했다. 청결한 내부에, 갈비탕에 돌솥밥, 정갈한 반찬, 친절한 서비스, 맛도 매우 좋아 몇 년간 자주 이용했다. 그러던 중 오랜만에 가족과 함께 그 식당을 찾아 갈비탕 4인분을 시켰다. 그런데 갈비탕이 좀 빨리 나오는 것이 아닌가! 어쨌든 음식을 빨리 먹을 수 있으니 나쁘진 않았다. 돌솥에서 밥을 푸려니 밥이 미지근하게 식어 있는 듯했다. 역시나 돌솥을 만져보니 별로 뜨겁지가 않았다. 가족들 것도 모두 마찬가지였다. 그래서 종업원을 불러 자초지종을 물어보니 별로 문제없다는 투로 "다 지금 지어서 드린 거예요"라고만 한다. 불쾌해서 다시 한 번 문제를 제기했더니 "전 몰라요. 주방에서 준 것 받아온 거예요."라며 회피하는 듯한 대답만 돌아왔다. 사장에게 이 상황을 전달했더니 죄송하다면서 음식 값을 받지 않았다. 그런데도 기분이 썩 좋지 않았으며, 그 이후 다시는 그 식당에 가지 않았다. 아마도 누군가 다른 손님이 시킨 음식이 취소되는 바람에 그 음식이 우리에게 돌아온 것이 아닌가 생각한다. 음식이 아무리 아깝다고 하더라도 그 음식을 다른 손님에게 가져다준 것은 엄연한 서비스 실패이고, 서비스 마인드의 심각한 문제이다. 얼마 지나지 않아 우연히 그 식당의 문이 닫힌 것을 보았다. 종업원의 서비스 태도 때문에 닫힌 것은 아니겠지만 그러한 영향을 받지 않았다고도 할 수 없을 것 같다.

얼마 전 서울의 한 특급호텔에서 세탁물 관련하여 저지른 실수에 대해 사과보다는 변명으로 접근하여 문제의 본질이 세탁물이 아니라, 지배인에게 술 냄새가 난다는 서비스 태도의 관점으로 변질된 경우가 있다.

호텔의 불만처리 방법은 국적에 따라 달리 접근한다고 한다. 이는 국가마다 문화적 차이가 다르기 때문이라고 한다. 서양문화권에서는 자신이 받은 불만요소, 부당한 대우에 대해 그와 경제적으로 동일한 보상이 이루어지면 흔쾌히 받아들인다고 한다. 반면에 동양문화권에서는 체면과 자신에 대한 존경심 또는 애착이 더욱 강해, 실수를 했을 때 금전적 보상보다는 먼저, 정중한 사과와 인정에 호소하는 것이 문제해결을 쉽게 할 수 있다고 한다. 위의 세탁물에 대한 불만사례는 결혼을 통해 미국의 국적을 갖고 있는 재미교포였다. 사실상 한국문화의 영향을 많이 받았다고 볼 수 있다. 고객은 자신의 실수를 인정하려 하지 않는다. 고객이 실수한 것을 호텔에서 알 수 있는 경우가 있는데, 이때도 실수에 대한 시시비비를 가리기 전에 우선 결과에 대한 정중한 사과가 이루어져야 악의적인 활동적 공중으로 변화되는 것을 막을 수 있다.

서울의 특급호텔은 주로 외국 비즈니스 관련 출장객이 대부분을 차지하고 있다. 그러다 보니 한국의 거래처를 영업의 주요 접점으로 보고 기업과의 연간 계약을 통해 고객을 유치하게 된다. 외국과의 거래가 많은 기업에서는 인사총무부 또는 비서실 근무자가 호텔의 예약자가 되어 미리 호텔을 예약하게 된다. 호텔의 입장에선 가장 중요한 고객이 아닐 수 없다. 한번은 북유럽 국가에서 오는 여자 바이어를 위해 거래처 비서가 호텔을 예약하게 되었다. 바이어가 체크인한 다음날 거래처 비서로부터 전화를 받았다. 비서는 바이어가 테라피를 원해 호텔 담당직원에게 직접 전화해 예약하면서, 고객의 이름과 키가 190cm가 넘는 장신이란 정보를 제공했다. 호텔직원은 그렇게 키가 크면 맞는 욕조가 없다면서 불만스럽게 얘기했고, 결국 어떻게든 구겨 넣어보겠다고 했다고 한다. 이에 대한 불만을 판촉담당지배인에게 이야기했고, 판촉담당자는 우선 정중히 사과한 뒤 불만고객보다 더 화를 내며, 그 내용을

메일로 보내달라고 부탁했다. 그리고 호텔에서는 도저히 용납될 수도 없고, 이런 직원은 서비스직에 맞지 않는 직원이라며 오히려 전화를 건 고객보다 더 흥분하는 모습을 보여주었다. 고객은 그 정도는 아니라면서 오히려 한 걸음 물러섰다. 호텔 직원의 입장에서가 아니라, 고객의 입장에서 같은 편이 되어준 것이다. 그 사건의 해결은 담당부서장의 정식 사과와 해당직원의 징계와 함께 성의를 표시했고, 이후 그 기업과의 관계가 더욱 돈독해졌다고 한다.

활동적 공중은 논리적 이해나 핑계보다 오히려 자기 입장을 들어주고, 이해해 주며 같은 편이라는 느낌을 원한다. 만약 불만전화가 왔을 때, '설마요'라는 식으로 반응했다면, 오히려 더 불만을 키우는 상황을 만들었을 것이다. "아니 어떻게 호텔에서 그런 일이…" 하며 고객의 입장에서 같이 그 문제에 대해 적극적인 모습을 보일 때 불만고객이 충성고객으로 변할 수 있는 것이다.

또한 긍정의 활동적 공중인 충성고객의 경우 기업에서는 그들만을 위한 다양한 이벤트를 통하여 관계를 더욱 공고히 할 수 있다. 할리데이비슨의 경우 회사임원을 중심으로 호그라는 동호회를 만들어 활동함으로써 긍정고객을 더욱 충성고객으로 만들며, 이들의 활동이 다시 호그를 확대시키고 기업의 매출을 증대시키는 역할을 하게 되었다.

긍정적 혹은 부정적 고객인 활동적 공중은 무엇보다 감성에 대한 경험을 제공하게 하는 것이 중요하다. 불만처리과정의 경험, 다양한 이벤트를 통한 참여를 유도하는 마케팅이 활동적 공중을 위한 마케팅 전략으로 유용할 것이다.

나는 당신 편입니다.

이성적으로 해결하지 말고, 감성적으로 편을 들어 관계를 공고히 한다.

직원, 거래처 모두 활동적 공중이다

고객만족을 고객관점이 아닌, 공중관점으로 전환하는 것에 대한 가장 큰 매력 중의 하나가 바로 이 부분이라 할 수 있다. 사실 고객관점에서의 고객만족경영에서도 직원에 대한 배려는 다양하게 논의되고 있다. 계속 서 있는 직원을 위해 안마기를 선물하는 기업도 있으며, 직원은 내부고객이라는 관점에서 소통하려는 모습이 보인다. 하지만 내부고객이라는 관점 역시 경제적 논리로, 기업 이윤을 더욱 창출하고자 하는 것으로, 어떻게 하면 내부고객이 외부고객에게 판매활동과 만족의 경험을 줄 것인가에 그 배경이 있다면 문제가 있는 것이 아닐까?

내부고객이란 표현은 경제적인 차원과 별개로 구분되어야 할 것이고, 이는 공중의 개념으로 접근하는 것이 바람직하다. 기업의 중심으로, 사회인으로서, 동시대를 살아가는 이웃으로서 직원과의 의사소통이 원만히 해결되어야 할 것이다.

기업의 거래처 관계에 있어서도 마찬가지이다. 거래처는 한 기업만 상대하는 것이 아니다. 동종 업계의 다른 기업과 그리고 나의 경쟁사와도 거래를 하는 것이다. 거래 당시에는 나에게 납품하는 곳이지만, 경제적 보상이 이루어진 후에는 구매자로 변할 수 있는 것이다. 또한 이들은 기업 내부의 사정을 누구보다 잘 알 수 있기 때문에, 외부인에게 기업에 대한 이미지를 만들어낼 수 있는 막강한 활동적 공중이 된다.

흔히 고객만족은 영업이나 마케팅의 몫이라고 생각한다. 특히 고객과의 접점에 있는 서비스 직원에게 책임을 전가하는 경우도 많다. 하지만 직원을 공중으로 파악한다면, 업무의 대상은 확연히 달라진다. 인사총무부서는 직원이라는 핵심 공중과 커뮤니케이트할 수 있어야 한다. 이것이 내부공중의 만족이 될 것이다. 거래처관계에 있어서는 재경부, 자재부, 검수부 등 거래처와 상대하는 모든 부서가 만족경영에 대한 책임을 져야 한다. 기업의 내외부적으로 모든 공중이 서로에게 커뮤니케이트되는 만족경영이 이루어져야 할 것이다.

직원과 거래처는 갑과 을의 관계가 아니다.

항상 내 편이 될 수 있는 충성고객의 개념은 바로 직원과 거래처가 된다.

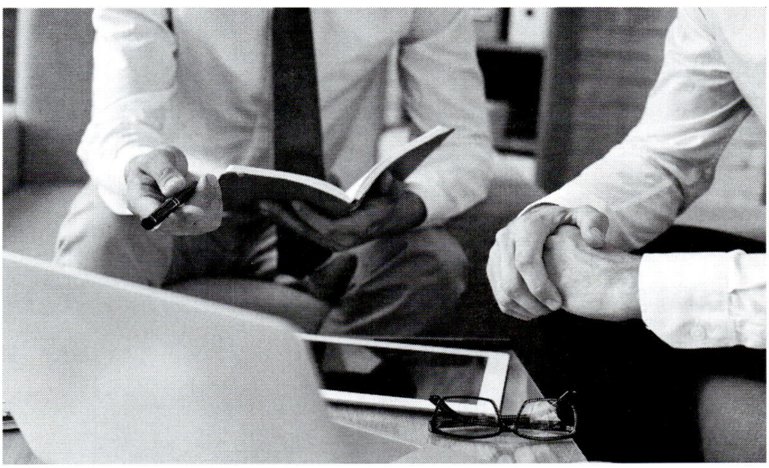

세상 모두가 나의 공중

거래처 관리... 또 하나의 고객이 생깁니다.

말없는 자각적 공중, 참여할 기회를 제공한다

자각적 공중은 문제에 대한 인식도는 높지만 그에 대한 관여도는 상대적으로 낮고, 활동적으로 많은 제약인식을 갖고 있는 공중을 의미한다. 우리 주변에 이러한 생각을 갖고 있는 사람은 얼마든지 있다. 예를 들어 한 식당에서 음식의 맛이나 서비스에 대해 불만을 가질 경우, 몇몇은 활동적 공중이 되어 적극적으로 항의하거나, 주변사람에게 자기의 경험을 알리려는 사람이 있고, 반면에 속으로 다음부터 안 가면 된다는 생각으로 조용히 계산하고 나가는 사람이 있다. 후자가 바로 자각적 공중이 된다.

고객관점에서도 불만고객 중 말하지 않는 고객에 대해 고민을 하고 있다. 하지만 공중관점에서는 이에 대한 답을 명확히 제시할 수 있다는 장점이 있다.

자각적 공중은 관여도가 낮고 제약인식이 강해 외부적으로 잘 드러나지 않기 때문에 고객을 특정하기 어렵다. 이것이 고객관점이 아니라 공중의 관점으로 만족경영을 이끌어야 하는 이유이다.

자각적 공중은 관심이 없거나, 자신의 불만요소에 대해 아무렇지 않게 생각하는 것이 아니다. 그들의 불쾌한 경험은 프레임 효과로 나타나게 된다. 이러한 프레임 효과로 인해 자신이 생각하는 것과 동일한 정보만을 선택적으로 취하려 하며, 이러한 부정적 정보의 축적에 의해 더욱 고정관념으로 자리 잡게 된다.

자각적 공중은 불만고객에만 해당되는 것은 아니다. 시간적 여유나 주변을 의식하는 사람들은 만족했을 때도 별다른 내색을 하지 않는다. 하지만 이들도 만족한 경험에 대한 프레임 효과로 인해, 주변의 평가에도 불구하고 자신이 원하는 정보만을 인식하여 충성고객이 될 수 있다.

하지만 이러한 충성고객 역시 반대의 정보가 지속적으로 제공되고, 자신의 경험이 이러한 정보와 일치하게 된다면, 그들은 언제라도 불만고객으로 변할 수 있는 것이다. 반대의 경우도 마찬가지이다.

그렇다면, 말하지 않는 불만고객은 누구인가? 우리는 습관적으로 그를 알아야 그 해답을 찾을 수 있다고 생각했다. 고객이라는 용어 자체가 협의적으로 활용되기 때문이다. 그들이 누구인지를 찾는 것은 비용적인 측면이나, 효용적 가치 측면에서 무의미하다. 생각을 바꾸어보자.

우리는 여기서 말하지 않는 불만고객과 말하지 않는 충성고객을 굳이 명확히 할 필요가 없다. 명확히 할 것은 그들은 모두 자각적 공중이라는 점이다. 앞서 설명한 바와 같이 자각적 공중은 프레임 효과에 의해 경험을 누적하게 될 것이다. 그렇다면 자각적 공중을 위해 새로운 경험, 더욱 만족스러운 경험을 주기 위한 다각적인 참여 이벤트를 만드는 것이 답이 될 수 있다. 말하지 않는 불만고객도 참여 이벤트를 만들면 다른 주변에 의해 새로운 경험을 할 기회가 생기기 마련이다. 또는 지속적인 참여 이벤트를 통해 자신이 불편했던 요소가 제거되었다는 인식이 만들어지면 스스로 갖고 있던 고정관념도 사라지게 될 것이다. 이러한 이벤트는 내 상품과 직결될 필요도, 또는 비용이 많이 드는 경품 이벤트일 필요도 없다. 만약 음식점이라면 몇몇 활동적 공중에게 이용 시 가장 불편한 요소가 무엇인지를 묻고 거기에 대한 해결방안을 경험하게 하면 된다.

신림동에 매운 오징어볶음 요리를 주 메뉴로 하는 유명한 음식점이 있다. 안은 매우 혼잡하고 특별한 인테리어 장식도 없다. 하지만 음식맛이 소문이 나 많은 손님들이 줄을 서서 기다리고 있다. 좋은 맛을 즐기기 위해서 오랜 기다림도 기분 좋게 즐기는 사람이 있는가 하면, 기다리는 것이 싫은 사람도 많다. 이 집에서는 줄을 서서 기다리는 사람들에게 간단한 간식을 제공하고 있다. 이것은 심리적으로 빚진 감정의 상태로 만드는 것이다. 간식을 제공받게 됨으로써 줄을 서서 기다리던 손님은 빚진 상태가 되며, 가게는 한 걸음 양보한 셈이 된다. 샘플을 받아본 손님이 그 물건을 살 확률이 높아지듯이, 이러한 빚진 감정은 하나의 경험으로 남게 되고 끝까지 줄을 설 수 있도록 하게 되는 것이다.

커피숍에서 회전판 이벤트를 통해 무료 음료권을 제공하는 것이나, 이비스 명동 호텔에서 오픈 초기 호텔 홍보를 위해 길에서 무료 커피를 제공하는 것은 모두 자각적 공중에게 경험을 이끌어내기 위한 만족경영의 예라고 할 수 있다.

자각적 공중에게 참여할 기회를

조용하고 얌전한 그들... 불만이 있어도 말을 하지 않는다. 무언가 행동을 유발하도록 하여, 적극적인 활동적 공중으로 변화시킬 수 있어야 말을 한다.

잠재적 공중, 다양한 매체를 충분히 활용한다

잠재적 공중의 개념은 문제인식도 관여도도 모두 낮은 상태의 공중을 의미한다. 조심해야 할 것은 이들은 무관심한 것이 아니라는 점이다. 잠재적 공중은 기업에 대한 정보도 있으며, 그 기업에서 판매하는 상품이 무엇인지도 알고 있고, 상품에 대한 이미지도 어느 정도 알고 있다. 다만 그것에 대한 자기의 판단을 유보하고 있으며, 자기와 어떠한 이유에서건 지금 당장 구매할 의사가 없는 상태이며, 정보에 대한 관여도가 낮은 것을 의미하는 것일 뿐이다.

예를 들어, 서울에 거주하는 40대 직장인이 있다. 전라도 지역에 맛집으로 소문난 업체를 방송을 통해서 또는 다른 지인을 통해서 알고는 있지만, 직접 찾아갈 확률은 매우 낮다. 하지만 혹 그 지역으로 출장이나 여행을 가게 되는 경우에는 문제인식과 관여도가 높아져 직접 방문하게 될 확률이 높아지게 될 것이다.

다시 말해 잠재적 공중 역시 우리가 염두에 두어야 하는 공중인 것이다. 이러한 잠재적 공중의 힘은 추후 그 유명세를 통해 프랜차이즈나 분점을 내게 되는 경우에, 보다 안정적인 초기 사업을 운영할 수 있다.

드비어스는 'A DIAMOND IS FOREVER'를 로고를 만든 브랜드이다. 드비어스는 세계 최대의 다이아몬드 생산 및 판매회사이다.

1888년에 설립되어 세계 다이아몬드 시장의 80% 이상을 차지하는 남아프리카공화국의 기업이다. 다이아몬드 생산 · 판매뿐만 아니라 대중적으로도 매장을 두어서 여러 디자인과 제품을 선보이고 있다. 드비어스는 국내에 다이아몬드가 수입되기 전에 먼저 TV광고를 선보였다. 대다수 국내 소비자에게 드비어스란 이름은 매우 생소했다. 구매를 촉진하기 위한 목적이 아니라, 잠재적 공중을 확보하기 위한 전략이라 할 수 있다. 브랜드의 가치를 높이고 그에 대한 친숙도를 높이는 활동이 바로 잠재적 공중에게 우리가 해야 할 활동이다.

군중과 달리 공중은 서로 만날 수가 없다. 그렇기 때문에 이러한 잠재적 공중은 대중화 전략이 필요하다. 다시 말해 대중매체를 활용하는 것이 잠재적 공중과 소통할 수 있는 방안이라 할 수 있다.

음... 그런 게 있다며?

언제 외국 여행 갔다 보이면 살 수도 있다.

잠재적 공중에게 거리를 제공하라

내 브랜드를 또는 나를 알리는 가장 좋은 방법은 스토리텔링이나 화젯거리를 제공하는 것이다.

우리 주변에 스토리텔링을 통해 잠재적 공중에게 관광지에 대한 인식을 높여주는 곳이 많다. 홍콩 리펄스베이의 틴하우 사원이 그 예이다. 틴하우 사원은 건너가면 젊어진다는 장수교와 손으로 문지르면 아들, 딸을 점지해 주거나 재물 복을 안겨준다는 석상을 보기 위한 관광객들로 항상 붐빈다. 사람들이 가장 소망하는 욕구를 관광자원에 의미를 부여함으로써 성공적인 방문객 유치의 성과를 보게 되었다. 사실 이러한 의미 부여만으로 잠재적 공중의 문제인식이 높아지고 관여도가 높아져 일부러 사원을 방문하기 위해 홍콩을 목적지로 선택하지는 않을 것이다. 다만, 홍콩에 방문하게 되는 경우, 자신이 아는 스토리텔링이 있다면 그곳에 방문할 확률이 매우 높아질 것이라는 뜻이다.

비공중, 귀찮게 하지 말자

비공중을 대상으로 PR하는 실수를 범한다고 한다. 즉 비공중이 커뮤니케이트할 것이란 기대를 한다는 것이다. 비공중은 이슈에 대한 관심이 없는 자를 말하기 때문에 PR에 있어 비공중은 무의미한 것일 수 있다. 마찬가지로 서비스 기업에 있어서 비공중을 잠재적 공중이나 자각적 공중으로 변하도록 유도할 필요가 없다. 어쩌면 비공중은 어떠한 방법으로도 우리가 원하는 대로 유도할 수 없을 수도 있다. 그래야 비공중이기 때문이다.

광고나 홍보, 또는 다양한 마케팅을 통해서 변화될 수 있다면, 그는 비공중이 아니라 잠재적 공중이나 자각적 공중이기 때문이다. 그렇다고 비공중에 대한 논의가 전혀 필요 없는 것은 아니다.

어느 부유한 가정에서 태어나 한번도 불편함을 겪지 않은 사람에게 대출이자 0.01%의 차이는 전혀 관심의 대상이 아니다. 이러한 이슈에 그는 다른 사람을 걱정하지도, 또 그러한 말에 관심도 전혀 없다. 그가 갑자기 경제적 상황이 극도로 악화되어 그의 위치가 바뀌지 않는 이상은 말이다.

채식주의자에게 스테이크만 제공하는 음식점은 관심의 대상이 아니다. 아무리 고급스러운 분위기와 고품격의 서비스로 호소해 봤자 관심이 있을 수 없을 것이다.

난 채식주의자라고요....

비공중... 당신의 마케팅 대상이 아닙니다. 힘 빼지 마세요....

관심 없는 이슈는 피해 서비스한다

비공중에 대해 접근방법을 바꿔보자. 앞에서 채식주의자에 대한 예를 계속 이어간다면 이들을 대상으로 어떻게 하는 것이 좋은 방법이 될 것인가? 그냥 목표시장이 아니니 포기하는 것이 경제적인 것일까? 이 경우 만약 그들이 관심 있는 쪽으로 접근하면 어떨까? 즉, 메뉴를 다양화해 보면 어떨까? 요즘은 스테이크도 콩으로 만든 요리가 많이 개발되었다. 또는 샐러드바를 만들어 굳이 스테이크가 아니라도 이들이 관심을 갖게 만들 수 있지 않을까?

요즘은 모두가 스마트폰을 사용한다. 우리 정서가 빠름을 추구하고 편리함을 선호하기 때문에 언제 어디서든 인터넷을 활용할 수 있기를 기대하기 때문이다. 물론 정책적인 이유로 인해 마지못해 스마트폰을 사용하는 경우도 있겠지만... 하지만 스마트폰에

대한 비공중은 실제로 존재한다. 인터넷을 전혀 사용하지 않는 노인층들은 비공중이 될 수 있다. 휴대폰 판매 대리점에 일반 휴대 전화기

(2G)가 필요한 비공중이 올 경우, 이들에게 아무리 스마트폰의 중요성과 장점을 설명해야 관심이 없다. 판매사원은 고객만족 차원에서 스마트폰에 대해 설명해야 하는 것인가? 결론적으로 그럴 필요 없다. 차라리 이들의 관심대상인 2G를 판매하는 것이 옳은 판단이다. 꼭 스마트폰의 판매를 원한다면 인터넷 속도나 용량에 대한 부분을 설명하는 것이 아니라, 차라리 디자인이나 화면의 크기 등 2G에서 관심을 갖는 부분에 대한 설명만을 하는 것이 옳을 것이다. 그리고 그에 맞는 요금제를 선택하게끔 유도하는 것이 비공중을 공중으로 변화시킬 수 있는 계기가 될 것이다.

결국 비공중을 위해 우리가 할 수 있는 고객만족은 한 가지다. 그들이 관심 있는 이슈를 만들어야 한다는 것이다. 일단 공중이 되면, 내가 원하는 이슈에도 공중이 될 것이기 때문이다.

〈그루닉의 공중분류와 전략적 서비스 방안〉

공중분류	분류의 조건	전략화 방안
활동적 공중	문제인식↑, 관여도↑, 제약인식↓	감성 서비스
자각적 공중	문제인식↑, 관여도↓, 제약인식↑	경험 서비스
잠재적 공중	문제인식↓, 관여도↓	호기심 증대
비공중	이슈에 무관심	관심 이슈 제공

관심 있는 이슈를 던져라.

채식주의자를 위한 두부스테이크 출시...
그들이 관심 있는 쪽으로 유도하여 공중으로 만들자.

고객은 가치의 대상이 아니라 소통의 대상이다

고객만족이기 때문에 고객으로 접근했다. 고객으로 접근했기 때문에 고객은 돈을 지불하는 왕의 자리에 오르게 되었다. 그러다 보니 서비스제공자의 인격은 무시되는 경우가 발생했다. 그건 금전이 서비스의 보상차원으로 인식되었기 때문이다.

고객은 가격에 따라 서비스의 기대치가 달라진다. 낮은 가격의 상품에 대해서는 '그러니까 싸다'라는 인식으로 쉽게 이해하고, 비싼 비용을 지불했을 경우에는 작은 일에도 불쾌함을 느끼게 되기 때문이다.

개인적으로는 돈의 가치에 따라 서비스를 양보하는 사람을 이해하기 어렵다. 분식집에서 그릇을 집어던지듯 내려놓는 종업원을 이해할 수 없다. 왜냐하면 가격 자체가 내 인격과 비교되어 이해해야 하는 대상이 아니기 때문이다. 이런 것에 항의하면 도리어 이상한 사람이 되어버린다.

한번은 음식점에서 식사하는 도중 반찬이 모자라 "깍두기 한 개만 더 주세요."라고 장난스럽게 요청했다. 정말 깍두기가 한 개만 나왔다. 너무 황당해서 아주머니를 바라보니, 장난기 담아 함박웃음을 보이시며, "한 개 갖고 되겠어?" 하시며 넉넉하게 다시 담아주셨다. 마치 아들을 대하듯 편안하게 대해주는 서비스에 매료되었다. 반대로 패밀리레

스토랑에서 한때 유행했던 퍼피독(Puppy Dog) 서비스는 고객만족 차원에서 무릎 꿇고 주문을 받았다. 형식적인 면에서는 보다 계획되고 잘 교육된 서비스를 받는 것이겠지만, 난 이런 불편함이 싫다. 우리가 자주 가는 식당에서 이모라고 부르는 것은 금전적인 이해관계가 아니라 인간적인 의사소통을 원하기 때문은 아닐까? 서양에서는 친구 같은 느낌의 서비스를 제공한다. 친근감을 전한다는 것이다. 그래서 난 우리나라만의 서비스 특징을 패밀리 서비스(Family Service)로 만들고 싶다. 무조건적인 일본식 서비스 자세는 우리 정서와는 조금 다른 것 같다.

앞서 예시했던 욕쟁이 할머니 역시 할머니 욕 자체가 구수하다고 느낀다기보다, 오히려 정서적인 교감이 이루어졌기 때문이라 볼 수 있다. 그렇기 때문에 누구나 그 욕을 따라 할 수 없는 것이다.

패밀리 서비스의 중심은 가족 같은 의사소통이다. 공중은 소통의 대상이다. 따라서 고객에게 공중의 개념으로 접근해야 한다.

가족 같은 서비스...

고객은 소통의 대상. 친구처럼 대하는 서양. 퍼피독 서비스보다,
친근하게 다가가는 가족 같은 식당은 어떨까?

우선 고객만족의 목표를 설정한다

고객만족경영 역시 전략경영의 방식과 다르지 않다. 기업에 있어 전략경영은 우선 기업사명서(Mission Statement), 비전(Vision) 제시와 가치(Value)를 확고히 해야 한다. 이러한 비전을 달성하기 위한 것이 전략으로서, 전략의 수립을 위해서는 내외부 환경분석(SWOT분석), 3C분석(Company, Customer, Competitor) 등 현황에 대한 면밀한 관찰을 기본으로 한다.

고객만족경영의 절차 역시 이와 같다. 우선 고객을 위한 사명서가 필요할 것이다. 우리가 왜 고객만족을 하여야 하는가에 대해 구체적으로 작성한다. 고객만족의 목표를 정의하고 이를 위한 우리의 존재이유를 밝히는 것이다. 고객만족의 비전 제시는 이미지화할 수 있도록 표현되어야 한다. 막연한 외침보다는 구체적으로 누구나 이해할 수 있는 목표가 비전으로 수립되어야 한다. 즉 고객만족경영의 결과로 보일 우리의 미래 모습을 표현해야 한다. 가치는 결코 변하지 않는 고객만족경영의 철학이 담겨 있어야 한다.

고객만족의 미션, 비전, 가치가 수립되었다면, 이제 그러한 고객만족의 존재이유와 가치를 토대로 비전을 달성할 수 있는 목표전략을 수립하면 된다.

이러한 목표전략이 수립되면, 이제 공중을 분석한다. 즉, 커뮤니케이션 구조화와 공중구조화의 단계로 접근해 보자.

공중을 분석한다

기업의 경영자가 고객만족을 위한 마음만 있어서는 실행력을 갖기 힘들다. 어떤 조직구조가 고객만족을 위한 실행력을 증대시킬 수 있는가? 어떻게 조직을 관리해야 할 것인가?

구조화는 크게 두 가지의 범주로 나누어 생각해 볼 수 있다. 커뮤니케이션 구조화와 공중 구조화가 그것이다.

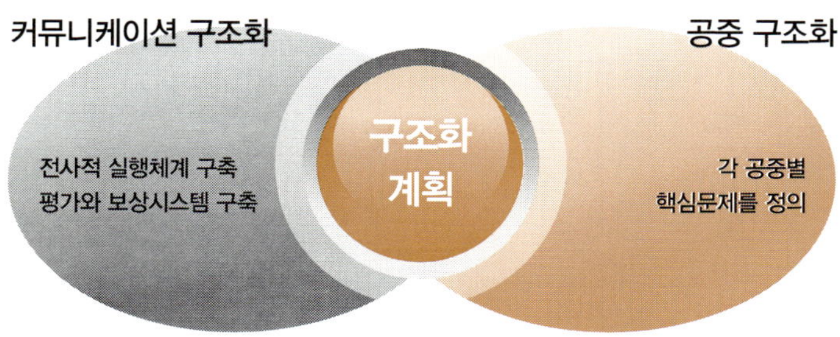

6POWER의 근본적인 취지는 공중과의 대화 즉, 소통에 그 근원적 목적을 두고 있다. 그래서 공중이란 개념이 가장 중요한 첫 번째 요소가 되는 것이다. 공중은 고객의 분류를 위해 필요한 것이 아니라, 고객과 소통하기 위한 개념이다.

따라서 구조화에 있어서도 우리가 소통할 대상이 누구인지에 대한 공중 구조화와 각 공중별 커뮤니케이션을 위한 조직 및 실행체계의 커뮤니케이션 구조화가 필요한 것이다.

고객만족 TFT(Task Force Team)를 만들어라

규모가 있는 기업을 제외하면, 아마도 고객만족을 위한 전담부서를 설치하기 어려울 것이다. 그래도 고객만족에 대한 관심이 많은 경우라면 마케팅이나 홍보팀, 기획팀 혹은 인사 · 총무 팀에서 이러한 업무를 병행하는 경우가 많을 것이다.

하지만 여기에 문제점이 있다. 마케팅이나 영업과 관련된 부서에서 고객만족에 대한 업무를 맡고 있는 경우, 전사적인 고객만족시스템을 갖추기가 어렵게 된다. 모든 책임은 고객과 접점에 있는 영업부서에 화살이 돌아갈 것이고, 타 부서 직원은 그에 대한 관심을 갖지 않게 될 가능성이 크기 때문이다. 즉, 고객만족의 접점에 있는 영업부서의 책임과 권한이 강조되어 타 부서에서는 자신과 무관하다는 인식을 갖게 된다는 것이다. 또한 마케팅, 영업부서에서는 이러한 과도한 책임의식으로 정말 고객의 욕구와 필요를 찾기보다, 눈치 보기에 더 신경을 쓸 수밖에 없다.

고객만족을 시스템화하기 위해서는 고객만족 기획부서와 운영부서로 분리할 필요가 있다. 이러한 관점에서 차라리 마케팅이나 영업 관련 부서보다 인사총무부서가 기획업무에는 더 적합하다. 하지만 이 경우에도 문제점은 나타난다. 인사총무부서의 경우 고객에 대한 정확한 이해보다는 기획력을 돋보이게 할 수 있는 보여주기 식의 이벤트 성향의 정책이 진행될 수 있기 때문이다. 또한, 고객만족 운영을 담당하게 되는 접점직원에 대한 고려 없이 실행 불가능한 방안이나, 평가 위주의 시스템에 치중될 수 있다.

진정한 의미의 고객만족을 달성하기 위해서는 반드시 전담 TFT를 구성해야 할 것이다.

고객만족은 전 직원의 팀플레이

고객만족은 어느 한 부서에서 책임지는 것이 아니고,
모든 직원이 서로 합심해서 일구어내는 농사입니다.

고객만족 Task Force Team,
어떻게 구성할까?

TF팀의 위력은 생각보다 훨씬 강력하다. 몇 년 전 소피텔 앰배서더 호텔(현, 그랜드 앰배서더)에서 조직문화 개혁을 위한 컨설팅을 실시했다. 그 결과 소통의 중요성을 인식하게 되었으며, 조직문화 개선을 위한 TF팀을 구성하게 되었다. TF팀은 각 부서에서 교차적으로 모집하여 구성되었으며 매일 오전 각 부서별 TF팀에서 만들어진 사보형식의 'Communique'를 작성하는 역할을 수행했다. 이 커뮤니크(Communique)는 호텔 내부의 공지사항 및 경영에 대한 이해, 가십성 기사 및 인격함양을 위한 다채로운 내용을 담고 있다. 모든 부서에서는 이 커뮤니크 내용에 대해 발표하고 토론하는 시간을 갖게 되었다. 또한 경영진의 적극적인 동참으로 지속성을 갖게 되면서 각 부서 간 커뮤니케이션의 역할을 수행하게 되었다.

고객만족이라는 공동의 목표를 수행하는 데 있어서 어느 한 부서의 책임과 권한을 강조하다 보면, 소통의 부작용으로 인하여 고객만족의 기획과 운영 간의 부조화로 인해 목표 달성에 어려움이 생긴다.

고객만족은 소통이 중심이다. 원활한 소통은 조직문화에 의해 이끌어진다. 조직문화는 업무 간 · 부서 간 · 상하 간 단절이 아닌 개방화를 통해 이해되는 것을 전제로 해야 한다.

따라서, 고객만족이라는 조직 공동의 목표를 달성하기 위해서는 소통을 위한 조직문화가 형성되어야 하며, 이러한 소통은 TF팀 구성을 통해 이루어질 수 있다.

TF팀 구성에 있어 다음 다섯 가지 원칙을 중심으로 계획해야 한다.

첫째, TF팀은 전 부서 직원으로 구성되어야 한다. 앞에서도 설명했듯이, 소통은 한 부서에 국한되는 업무라기보다는 전사원이 공유하는 이해와 협조에 바탕을 둔다. 따라서 조직 공동의 목표인 고객만족경영에 대한 이해와 적극적인 참여를 유도하기 위해서는 전사원이 공동 참여하는 TF가 구성되어야 할 것이다.

또한, 이러한 구성은 한 부서에 업무를 부담지어 혼란을 야기하거나, 새로운 부서 창출로 인한 경비지출을 억제하는 효과를 갖게 된다.

둘째, 구성원은 정기적으로 교체되어야 한다. TF팀의 구성원은 주기적으로 교체되어 모든 직원이 참여할 기회를 부여하여야 한다. 고정된 직원으로 구성할 경우 TF의 본질에서 벗어나 결국 새로운 부서로 운영하는 것과 동일한 결과를 가져오기 때문이다. 반대로, 기간이 너무 짧을 경우 새로운 업무에 대한 파악이 이루어지기 전에 결과물을 창출해야 하는 부담 또는 회피 등으로 적절한 효과를 거두기 어렵다.

기간은 기업의 성격과 각 부서의 성격에 맞게 결정하되 1개월 또는 분기별 단위로 운영하는 것이 좋다.

셋째, 임명장을 수여하여 책임의식을 고취시켜야 한다. 라마다 서울 호텔 그랜드 오픈 당시 아시아 지역 총괄본부에서 의무적인 교육을 실시했다. 보통 기업 역시 의무적인 교육 프로그램을 직원에게 강요한다. 연차별, 직급별 해당 교육을 이수해야만 승진의 조건이 되기 때문이다.

하지만 라마다 서울의 경우 이러한 의무적인 형태의 교육 이수 후 'I am' 배지를 수여했다. 이 교육을 받은 자만이 라마다 호텔 그룹에서 인정하는 서비스 교육을 이수했다는 증표의 역할을 하는 것으로, 유니폼에 항상 부착하여 자부심을 높이는 방안으로도 활용하였다. 이러한 교육전략은 모든 직원이 언제라도 받을 수 있는 일반적인 교육이 아니라는 자부심을 갖게 하는 역할을 하게 된다.

TF팀 구성에 있어서도 마찬가지 효과를 창출할 수 있다. 팀 구성원이 되기 위한 조건으로서 입사연차와 서비스 교육 이수자를 대상으로 구성하고, 임명장과 함께 팀배지를 만들어 수여한다면, 자신이 회사 내부에서 인정받고 있다는 자부심과 그에 따른 적극적인 참여가 이루어질 수 있다.

넷째, 반드시 결과물을 만들어낼 수 있도록 한다. TF팀이 구성되었다면 반드시 결과물이 창출될 수 있도록 해야 한다. 그 결과물은 원대한 장기 프로젝트 전략이 아니라, 쉽게 적용할 수 있으며 분명한 효과가 있는 실현가능한 결과물이어야 한다. TF를 통한 작은 성공은 직원들에게 성공의 확신을 심어줄 수 있으며 지속적인 참여가 이루어질 수 있기 때문이다.

나폴레옹이 거의 모든 전투에서 승리자가 될 수 있었던 것은, 이길 수 있는 전투만 한다는 전략이 있었기 때문이다. 고객만족도 이와 마찬가지로 생각한다면, 확실히 성공할 수 있는 작은 실천이 가장 중요한 사실임을 알 수 있다.

다섯째, 실행력을 가질 수 있도록 최고 경영자가 직접 관여한다. 최고 경영자는 계획과 성과를 평가하는 위치가 아니라, 고객만족경영의 실무책임자이다. 따라서 최고 경영자는 TF팀의 리더로서 역할을 수행해야 한다.

최고경영자가 참여하는 경우 제안하는 다양한 아이디어에 대한 실행 예산 편성에 대한 의사결정이 바로 이루어질 수 있어, 팀 내 자신감을 더욱 확산시킬 수 있다.

또한, 고객만족은 소통의 과정이기 때문에, 고객과의 소통은 물론 기업 내부의 소통 역시 중요한 고객만족의 요소가 된다. TF팀에서 최고 경영자와의 소통을 통하여 기업의 조직문화가 개선되는 부차적인 효과도 가져올 수 있다.

책임의식이 있어야 한다.

고객만족은 최고경영자가 직접 관여하여 직원과 소통하여
책임 있는 성과를 이끌어내야 한다.

고객만족의 업무체계를 구축하라

TF팀 구축 전, 최고 경영진과 각 부서장으로 구성된 고객만족협의회를 구축하는 것이 좋다. 그 이유는 고객만족을 위한 실행전략을 구축하기 전에, 정확한 대상과 목표의 설정 및 업무추진을 위한 프로세스를 구축하여, 성과측정에 대한 기본방향을 수립해야 하기 때문이다.

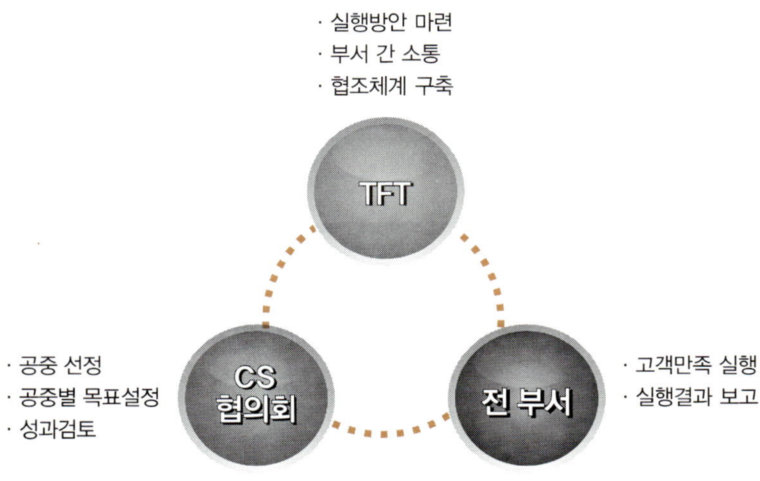

〈고객만족 업무프로세스 기본방향〉

협의회는 고객만족의 공중이 누구인지를 먼저 수립한다. 판매 대상의 고객은 물론 거래처, 언론, 정부, 지역주민 및 각종 사회단체 등 기업의 공중을 분류하고 명확히 명시한다. 또한 각 공중에 대한 목표를 수립하고 목표달성을 위한 담당 부서를 확정한다.

TF팀은 전 부서에서 선발된 인원으로 구성하되, 가장 중요한 업무는 협의체에서 제공된 전략을 토대로 고객만족전략이 전사적인 공통의 기업문화로 자리 잡기 위한 의지이며, 각 부서 간의 실행방안을 조정하고 계획하는 일이다. 여기서 도출된 다양한 실행전략을 해당부서로 전달하며, 각 해당 부서에서는 업무를 실행한다. 또한, 실행과정에서 발생되는 부서 간 커뮤니케이션은 TF를 통해 조정되며, 실행결과에 대한 결과서를 분석하기 위해 TF팀에 전달한다. TF는 성과에 대한 분석을 토대로 결과보고서를 작성하여 협의회에 보고한다.

협의회는 매주 정기회의를 갖고 현재 진행 중인 고객만족경영에 대한 결과 및 추진 상황에 대한 점검을 하며, TF는 매일 정기회의를 갖고 각 현업 부서에서 문제점 및 부서 간 커뮤니케이션의 시간을 갖도록 하여, 실행전략의 목표를 달성할 수 있도록 협조해야 한다.

공중이 구조화되어야 정답을 찾을 수 있다

고객만족경영을 위한 조직, 관리, 커뮤니케이션 체계가 만들어지면, 실행의 단계로 옮겨져야 한다.

고객만족경영의 실행은 공중을 세부적으로 구조화하는 데서 시작된다. 우리의 고객이 누구인지 명확하게 정리하고, 각 해당 공중에 대한 실행방안을 마련해야 할 것이다.

고객의 소리를 듣기 위해, 또 불만고객의 불편한 요소를 줄이기 위해 기업에서는 소비자상담실을 운영하는 경우가 많다. 하지만 이러한 소비자상담실을 통해 진실로 고객의 불편요소가 해결되었다고 생각할 수 있을까?

예전과는 다르게 고객의 목소리는 점차 자신감을 갖게 되고, 그에 따라 고객상담실에 문의하는 소비자들이 많이 늘었다. 하지만 기업 내 사정에 의해 해결을 위한 인원 증가는 수요에 미치지 못한다. 이러한 이유로 제공되는 서비스별로 ARS가 운영되고 있다. 이 ARS는 고객을 더욱 피곤하게 만든다. 또한 용어 자체가 이해되지 않는 부분이 많아, 다시 시도해야 하는 경우도 많으며, 이 경우 또한 처음부터 ARS 요구대로 응답해야 하는 불편함이 있다. 상담원과 연결하려면 대기순서는 40번 이후이다. 기다려야 한다. 하지만 유료서비스이다. 끊자니 해결방법이 없다. 기다렸다 상담원과 겨우 통화가 됐는데, 자기 담당이 아니라 또 다른 곳으로 연결한다고 한다. 그럼 또다시 기다려야 하는 불편은 고스란히 고객의 몫이 된다. 불만이 많은 사람은 이러한 불편을 수용할 수 없다. 섣부른 고객만족의 지향은 오히려 불만이 더욱 쌓이게 하고, 이후 이러한 불편요소가 제약인식에 작용되어 부정적인 활동적 공중이나 비공중으로 변화될 수 있다.

그렇다면 제한된 인원으로 많은 고객을 상대하기 위해서 어떻게 해야 할 것인가? 애초부터 상품 그 자체의 하자가 없게 해야 한다고 답하는 경우도 있을 것이다. 하지만 같은 상품이라도 소비자에 따라 느끼는 기대치와 만족도가 다르기 때문에, 또는 상품 활용에 대한 이해도와 용도, 주요 관점이 다르기 때문에 나타나는 불만족을 어떻게 다룰 것인가?

앞의 예에서, 너무 많은 인원에 대한 해결을 위한 수단으로써 ARS를 이용할 수밖에 없는 상황을 고객이 이해해야 하는 것인가? 왜 고객이 그러한 기업의 사정을 이해하고 따라야 하는 것인가? 고객은 자신의 불편이 처리되기만을 원할 뿐이다. ARS가 불편하지 않게 개선된다면, 고객들에게 이해해 달란 표현도 필요 없게 될 것이다. 왜냐하면, 자신의 문제를 쉽게 해결했기 때문이다.

만약 형식적으로 다른 기업에서 하니까 따라 하기 식이 아닌, 진정 고객만족을 위한 상담실을 만든 것

이라면, 불필요한 과정이나 시간을 끄는 식으로 고객 스스로 포기하도록 유도하는 시스템이 아니라, 예약 상담제로 운영하는 편이 낫다. 즉, ARS에서 고객이 분야를 선택하는 방식보다 상담사가 일차적으로 고객의 문제를 듣고 상담을 원하는 분야를 직접 구분하여 각 업무 담당자에게 전달하여 고객에게 예약 상담이 이루어질 수 있게 하는 것이다. 이때 각 담당자는 분야를 나누되 연계된 모든 상황을 다 이해하고 안내할 수 있는 자격 있는 직원으로 운영해야 할 것이다.

고객상담실은 고객을 공중으로 정확히 인식하고 있어야 한다. 일방적인 한 건의 처리가 아닌 고객과의 소통을 통해 다가가야 할 것이다. 따라서 모든 고객을 동일한 선상에서 해결하려는 것 자체의 모순 때문이다. 고객상담실이 그 역할을 분명히 수행하기 위해서는 고객이라는 공중에 대한 철저한 구조화와 커뮤니케이션에 대한 구조화가 필요하다. 즉, 고객상담실 문의 고객은 활동적 공중임을 상기하여야 한다. 고객 불만의 핵심문제를 확인하고 감성적으로 응대하고 공감하는 공중구조화가 이루어져야 하며, 커뮤니케이션 구조화로써 해당 전담 상담사가 평가와 보상시스템을 통해 고객을 응대할 수 있도록 권한을 위임하여야 할 것이다. 또한 그 결과를 전사적으로 공유하기 위한 지식 경영 시스템을 갖추어야 한다.

억지로 따라가려 하지 마....

하려면 제대로 하세요....

우리와 소통해야 할 공중이 누구인지 확인한다

공중 구조화는 각 공중별 핵심문제를 정의하는 것을 의미한다. 기업의 입장에서 소통의 대상이 되는 공중이 누구인지를 찾아내는 것에서 시작된다.

이를 찾기 위해서는 각 부서별로 공중에 대한 이해를 바탕으로 자신의 부서와 소통이 필요한 공중이 누구인가를 찾아내야 한다. 판촉부의 경우에는 소비자 공중, 사내 공중, 거래처 공중 등이 있으며, 홍보부에서는 기자와 지역주민 및 홍보 업무와 관련된 거래처가 공중이 될 수 있다.

중소규모 음식점의 경우 기업과 같이 조직화가 되어 있지 않는 경우에도 공중은 분류될 수 있다. 업무의 특성에 따라 즉, 주방과 홀, 카운터로 구분해서 각각 업무에 있어서 공중이 누구인지를 확인하는 절차는 반드시 필요하다.

또한 각 부서별 소통의 대상이 누구인지 구조화가 되면, 각 대상별 활동적 공중과 자각적 공중 그리고 잠재적 공중이 누구인지 확인하는 절차가 필요하다.

이를 테이블로 적어서 기록하는 것이 좋다. 즉, 소통할 대상을 대분류로 하고, 그 아래에 중, 소분류를 통해 좀 더 구체화해 가며 누가 활동적 공중이고, 자각적 공중인지를 확인하는 것이다.

우리의 공중은 누구인가?

아무리 작은 가게에도 공중은 반드시 있다. 꼭 찾아내서 분류해야 한다.

핵심문제를 정의하라

공중을 분류하는 이유는 핵심문제를 찾는 것이다. 여기서 문제에 대한 인식을 재고해야 한다. 문제는 답을 구하는 질문이다.

호텔 근무 당시 고객을 유치하기 힘든 문제점이 무엇인지 회의를 한 적이 있었다. 모두들 문제는 시내와 거리가 문제라고 생각하고 있었다. 호텔의 위치가 문제라는 것이다. 결국 해결책을 찾지 못했다. 왜 그런 것일까? 해답은 간단하다. 문제를 제시하지 않았기 때문에 문제에 대한 답이 없었던 것이다. 호텔의 위치는 문제가 아니라 상황이기 때문이다. 만약 여기에서 문제를 정의한다면 오히려 '호텔 고객을 증대시키기 위한 방법이 무엇일까?'로 제시해야 한다.

많은 사람들이 문제에 대한 의미를 혼동하고 있다. 아이가 공부 못하는 이유에 대해 노력하지 않기 때문이라는 것은 상황일 뿐, 문제를 제시한 것이 아니다. 어떻게 하면 공부할 상황을 만들 것인가?로 문제를 정의해야 한다.

시험지에는 문제가 있다. 그리고 답이 있다. 이렇게 답을 찾을 수 있도록 질문하는 것이 문제이다.

식당 영업을 하는데 옆에 동종 식당이 들어서면서부터 장사가 잘되지 않게 되었다. 식당 사장은 무엇이 문제인지 생각했다. 새로운 인테리어가 문제인가? 위치가 경쟁 식당보다 안 좋은 것이 문제인가? 주차시설이 문제인가? 경기가 안 좋은데 경쟁까지 있는 것이 문제인가? 과연 이것이 문제인 것인가? 아니다. 문제의 정의를 잘못 내린 것이다. 문제는 경쟁자를 어떻게 이길 것인가? 불황기에 고객을 유치하기 위한 방법은 무엇인가? 위치에 대한 단점을 극복할 방법은 무엇인가? 주차시설을 어떻게 확보할 것인가?로 문제를 정의해야 한다.

공중			①	②	③
세분화					
공중분류	활동적 공중	공중			
		핵심문제			
	자각적 공중	공중			
		핵심문제			
	잠재적 공중	공중			
		핵심문제			

〈공중분류를 위한 구조도〉

이와 마찬가지로 공중에 대한 문제를 정의해 보자. 이때 문제를 정의하기 위해서는 기본적인 조사가 필요하다. 고객이라는 공중을 대상으로 VOC 분석이나, 간단한 설문조사 또는 고객들과 대화를 나누어 보는 방법으로도 고객의 생각을 알아낼 수 있다. 내부 공중에 대해서도 간단한 설문조사를 통해 문제가 무엇인지를 도출할 수 있다.

이러한 방법은 호텔 등의 업종 외에도 스포츠센터나 피트니스클럽, 스포츠시설업, 레저스포츠 관련 업종뿐만 아니라, 관람스포츠분야 등 유사 서비스 업종에도 상당히 유용한 전략으로 활용될 수 있을 것이다.

문제는 거리라고? 킹핀을 잡아라.

문제에는 답이 있어야 한다. 즉, 답을 묻는 질문이 아니라
문제를 정의하는 것이 중요... 문제는 거리가 아니라,
가깝게 느끼게 할 수 있는 방법은 무엇인가이다.

비전에 맞는 공중에 대한 목표를 세운다

공중에 대한 분류가 정리되고 그에 따른 핵심문제가 결정되면, 각 부서별 공중에 대한 목표를 설정한다. 예를 들어 기업이 고객만족의 비전을 '구전마케팅 활성화로 광고비 20% 절감'으로, 이를 위한 목표전략을 '구전 채널확보를 위한 10% 투자'로 수립한 경우, 각 판매점 또는 매장에서는 '방문한 고객이 최소한 10명의 구전효과를 만들어낸다'라는 목표를 설정하여 전체적인 맥락에서 기업 고객만족의 비전과 목표전략에 수렴되어야 한다.

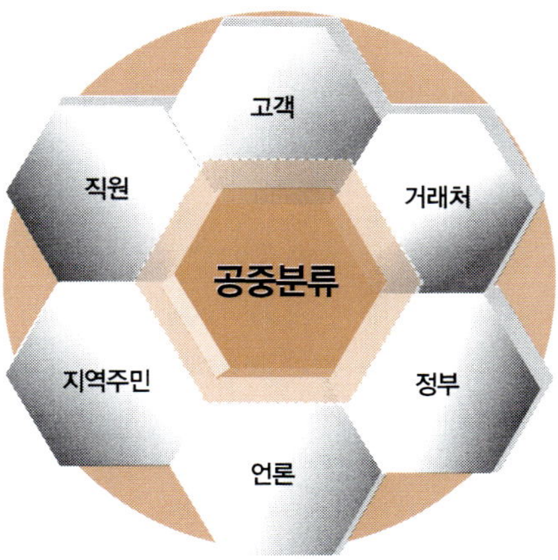

각 공중에 대한 목표 설정

기존고객에 의해 접수되는
소리에만 귀를 기울이면
고객들이 원하는 수준에만 머문다.

기업에 위협을 가할 수 있는
공중의 소리에 대해서
능동적으로 대처할 수 있는
목표를 설정하라.

이러한 목표는 가급적 수치로 환산될 수 있는 지표를 마련하는 것이 좋다. 수치에 의한 목표 설정과 함께 검증에 대한 방법도 제시되어야 한다.

내부공중에 대해서는 구전효과를 증대하기 위하여, 모든 직원이 몸과 마음이 긍정적이고 적극적이어야 한다. 긍정적인 마음은 건강한 육체에서 생겨날 수 있다는 관점에서 '몸이 건강한 직원'이라는 목표를 설정할 수 있을 것이다. 이 경우 몸의 건강은 연말 건강검진을 통해 재검률을 5% 이하로 낮춘다는 평가기준을 제시할 수 있다.

중요한 것은 각 공중별로 공중에 대한 목표가 전사적으로 기업의 고객만족경영을 위한 비전 및 목표전략의 방향과 일치될 수 있어야 고객만족을 위한 구조화가 실현될 수 있다는 것이다.

실행전략의 수립

목표가 설정되고 핵심문제가 도출되면 그에 대한 해답을 찾은 것이 실행전략의 수립이다. 실행전략은 목표전략을 성취하기 위한 구체적인 방안이 된다. 따라서 실행전략의 수립은 전략맵(Strategy Map)으로 구성할 수 있다.

고객만족의 전략맵은 각 공중별 목표를 달성하기 위한 세부계획으로 작성하는데, 목표달성을 위한 세 가지 방안을 제시하고, 각각의 방안에 대해 또다시 세 가지씩의 실행전략을 수립하는 과정으로 이루어진다.

우리는 고객만족의 대상을 공중으로 설정했으며, 공중의 가장 큰 핵심이 소통이라는 점에서, 이러한 실행전략 역시 소통의 관점에서 다루어져야 할 것이다.

따라서, 고객만족경영의 실행전략은 커뮤니케이션 구조화를 통해 이루어질 수 있을 것이다.

교육하지 않으면 금세 기억에서 멀어진다

교육은 미래를 이끌어갈 원동력이 된다. 새로운 지식과 기술은 계속 발전되고 새롭게 전개되고 있으며, 이에 따라 소비자의 구매 습관 역시 과거와는 다르게 변화된다. 기업의 지식은 직원의 지식이 총합된 결과로 생성되는 상황에서 직원 개개인의 발전 없이는 기업의 발전도 기대하기 어렵다. 개인의 발전을 각자에게 맡기면, 기업이 원하는 인재로 발전하기보다, 개인이 원하는 인재로 발전할 가능성이 높아진다. 이를 막기 위해서라도 기업교육은 계속되어야 한다.

경기 침체가 장기화되면 대부분의 기업 역시 지출을 줄이고 비용을 절감하려고 한다. 이때 가장 먼저 예산을 줄이는 부분 중 하나가 바로 직원에 대한 교육인 경우가 많다. 하지만 고객만족이 궁극적으로 수익의 창출이고, 이러한 만족은 궁극적으로 직원에 의해 이루어진다는 사실을 감안할 때, 새로운 변화에 적응할 수 있는 직원을 양성하는 교육은 가장 중요한 비중을 차지해야 할 것이다.

교육은 또 하나의 효과로 고객만족경영의 실행을 지속화시킨다는 장점이 있다. 고객만족에 대한 경영방침이 그저 방침으로 그치지 않게 하기 위해서는 경영층의 지속적인 의지를 보여줄 필요가 있다. 이러한 의지의 표현으로 교육은 좋은 수단이 될 수 있다.

기업에 맞는 인재 육성 교육

고객만족은 직원만족, 직원만족은 새로운 변화에
적응할 수 있는 인재를 육성하는 것...

평가하지 말고 분석하라

일반적인 경영활동은 계획 ···▸ 조직 ···▸ 실행 ···▸ 통제의 네 가지 사이클로 이루어지고 있다. 고객만족경영 역시 기업의 생존을 위한 경영활동으로서 이와 같은 사이클로 운영되는 것이 합당할 것이다.

고객만족을 위한 구조화 코드는 바로 이러한 경영활동의 시스템을 구축하기 위한 외부적 장치로써 작용한다. 계획은 고객만족을 위한 비전 설정 및 목표전략의 수립이 될 것이며, 조직은 고객만족을 위한 Task Force Team을 조직하고 업무의 프로세스를 정의하는 것이 된다. 실행은 Task Force Team의 실행전략을 각 공중에 따라 부서별로 실행하는 커뮤니케이션 단계로 해석될 수 있다.

이제는 고객만족의 실행에 대한 결과 및 그러한 결과에 대한 해석과 재수정의 단계가 필요하다. 이것은 평가단계가 아닌 분석의 단계여야 하며, 경영활동에 있어 통제단계에 해당한다.

고객만족의 성과분석은 경영활동과 동일한 선상에서 계획되어야 할 것이다. 고객만족이 새롭게 만들어진 개념이 아니라, 경영활동의 일부이기 때문이다.

보편적인 경영활동의 평가방식으로 BSC(Balanced Score Card)를 활용하는 방법이 있다. 이는 재무적 관점, 고객관점, 업무프로세스 관점, 교육관점으로 구분하여 평가하는 것이다. 고객만족경영 과정도 이를 활용할 수 있다. 다만, 평가 대신 분석이라는 관점에서 접근하는 것이 옳다.

아마도 경영진의 입장이나 투자자의 입장에서는 재무적 관점에 가장 많은 관심을 갖게 된다. 과연 고객만족경영의 효과가 어느 정도의 수익성 향상으로 나타나는지가 궁금하기 때문이다.

당연히 고객만족경영이 고객에게 긍정적인 영향을 미칠 것이라는 것에 대해서는 큰 이견이 있을 수 없다. 다만, 고객의 긍정적 반응이 단시일 내에 상품 판매와 직결된다는 것은 판가름하기 힘들 것이다.

그 이유는 재무적 수치는 궁극적으로 상품 판매와 직결되고, 이는 예기치 않은 외부상황의 변화, 즉 경제상황의 변화, 사회문화적 변화에 따른 상품 자체의 부적응, 시장의 성숙도와 경쟁사의 출현, 정치적 상황의 변화, 법이나 세제의 변화 등 다양한 요소에 의해 반영된 결과로 나타나기 때문이다.

고객만족에 있어 재무적 관점에서의 분석은 장기적인 관점에서 관심을 가져야 할 것이다. 또한, 고객만족과의 상관관계를 파악하기 위해서는 고객평생가치(LTV)의 개념을 도입해야 할 것이다. 고객만족경영을 위한 투자비용이 고객평생가치에 어떠한 영향을 주었는지를 매년 현재가치로 비교하는 것이다. 이에 따라 전년도보다 증가한 비율만큼 재무적 관점으로 분석하는 것이 옳을 것이다.

고객관점은 고객공중을 대상으로 고객만족도조사, VOC기법을 통하여 점검한다. 기업에서 요구하였던 목표전략 및 공중전략 성취 점검을 위한 개별 설문지를 작성하거나, 인터넷 또는 기사 자료, 고객만족실의 처리 결과를 토대로 체크하면 된다.

프로세스관점은 직무만족도조사를 통하여 직원 간 커뮤니케이션 만족도, 직무만족도, 조직만족도, 이직의도로 구분하여 분석할 수 있다.

교육관점으로 평가하는 항목은 연간 교육활동의 성과와 교육을 통한 전문인력의 숙련 정도 및 강의평가 등을 통하여 수치화할 수 있을 것이다.

특히 교육 프로그램을 운영할 때에는 반드시 단계로 구분하여, 직급별, 부서별, 연차별 교육을 차등화할 필요가 있다. 또한 타 부서의 업무를 공유하고, 직무변경을 원하는 직원을 위한 교차교육 역시 계획되어야 할 것이다. 교육과정마다 급수 또는 단계에 따른 수료증을 제공하는 방법이 좋다. 해당 교육과정을 이수해야 승진의 기본 조건이 되는 것은 당연하다.

평가하지 마라.

측정은 문제의식을 바로 갖기 위함...

무엇을 변화시켜야 하는지 이정표로써 필요하다.

상벌은 오히려 영혼 없는 고객만족을 이끈다

상벌은 평가를 통해 비교하고 그 결과에 대한 보상과 벌칙을 의미한다. 우리 인생에 있어 가장 부담되는 것은 평가이다. 그 이유는 이러한 평가가 갖는 내면적 속성인 타인과의 비교이기 때문일 것이다. 특히나 고객접점에 있는 직원의 경우에는 회사업무 자체의 스트레스와 실적에 대한 스트레스, 고객에 의한 스트레스와 함께 또 하나의 고민거리가 되지 않을 수 없다. 평가에 대한 부담으로 고객이라는 높은 산을 같이 정복해야 할 동료 사이에 장벽이 생기고, '나'라는 정체성을 지키기 위해 방어하기 시작한다면, 개개인은 모두 소외감으로 좌절할 수도 있다. 특정한 몇몇만을 위한 평가로 인해 대다수의 동료를 잃을 순 없다. 직원 상호 간 경계심을 낮추고, 서로 협력하여 기업의 궁극적 목표인 고객만족에 다가설 수 있는 방안이 모색되어야 한다.

요사이 감정노동자(Emotional Labor)란 표현이 자주 등장한다. 감정노동은 자신이 느끼는 감정과 무관하게 직무를 행하는 감정적 노동을 의미한다. 즉 직업상 속마음을 감추고 다른 표정과 행동으로 고객을 대하는 노동을 의미한다.

고객접점에 있는 직원은 업무의 속성상 자신의 감정을 억제하며 정형화된 업무를 수행해야 하는 스트레스를 감당하고 있다. 항공기 내에서의 폭력이나 주차장 사건을 통해서, 이러한 감정노동자에 대한 고민이 상당한 수준으로 부상되고 있다. 감정노동자가 스트레스를 적절하게 해소하지 못하면 좌절, 분노, 우울증, 자살이라는 극단적인 행동으로 이어질 수 있다.

따라서 감정노동자들에게 상벌이라는 것이 비교를 통해 불이익을 가져다준다는 인식을 버리고, 미래를 향한 발전적 지표로 삼는 방안을 찾아보아야 한다.

상벌이라는 의미 자체가 갖는 부담스러운 이미지를 바꾸고, 조직 내 원활한 소통과 협력을 이끌어내기 위해서 동기 유발 차원의 적절한 보상이 주어져야 할 것이다. 객관적 측면을 지원하여 만족도를 높이는 전략도 중요하지만 무엇보다도 정성적이지만 질적 동기를 극대화한 경우 그 만족도는 더 크게 확장되어 나타나고 깊게 인식된다는 위생동기 이론에서 그 교훈을 얻을 수 있다.

한 개인의 활동을 평가하는 것보다 조직의 성과를 분석하는 것이 조직 내 구성원들이 협동심을 갖게 할 수 있으며, 부적응 직원에 대한 격려와 협력을 이끌어내도록 할 수 있다. 개인의 문제에 대한 평가는 회사 차원이 아니라 부서 차원에서 고민되도록 해야 한다는 것이다.

마이클 샌델(Michael Sandel)은 모든 상황에 대해 금전적인 시장적 사고가 지배하는 것을 경계한다. 모든 것이 돈으로 해결되는 것은 아니라는 것을 강조한다. 사회적 재원이나 사회적 관습의 영역에 시장적 사고와 가치가 간섭하게 되면 본래의 의미가 변질되어 본래의 규범과 가치를 몰아내 버리게 된다고 한다. 한 예로 미국의 많은 학교에서 학생들의 학습동기를 높이기 위해 현금으로 보상하는 시장적 해법을 시도했다. 즉 성적이 좋거나 책을 읽을 때마다 현금으로 보상하는 것이다. 하지만 그 결과 성적 향상에는 그다지 영향을 미치지 못했으며, 독서는 더욱 얇은 책을 찾아 읽게 되는 현상만 가져왔다는 것이다. 시장의 가치는 소중한 마음가짐을 해치거나 몰아낼 수 있다. 시장가치가 유형의 재화 그 너머로 확장되면 상품의 특성 자체를 바꿀 수 있다는 것이다.

고객만족의 접근에 있어서 경제적 시장가치로 접근하는 것을 경계해야 하는 이유가 여기에 있다. 경제적 보상이 주어지면, 고객만족의 의미를 변질시키고, 형식적이며 정형화된 활동으로 전락하게 될 것이다.

경제적 가치의 접근은 유형적 상품 자체에 대해서만 고려되어야 할 부분이다. 고객관점의 철학적 바탕은 문화적 가치, 도덕적 가치, 공공적 가치의 차원에서 접근되어야 할 것이다.

이제 고객만족경영에 있어 금전적 보상이 아닌 다른 차원의 보상에 대한 방안에 대해 고민하여야 할 것이다. 조직문화 컨설팅을 위해 회사 직원과 함께 대화를 나누다 보면, 불필요하거나 원하지 않는 보상이 주어지는 경우가 많다. 이는 규모가 큰 기업보다, 작은 규모의 회사에서 이러한 현상이 많이 보이는데, 경영자의 개인적인 의견으로 결정되는 경우가 많기 때문이다. 다시 말해 보상에 대한 방법과 절차에 대해서는 전체 직원이 공유할 수 있는 의견을 통해 수렴되어야 한다.

돈으로 해결하지 마세요.

상벌이 오히려 문화를 망가뜨린다. 금전적 보상이 주어지면
상대적 박탈감이, 벌금을 내게 되면 미안함이 사라진다.

기회의 코드

나의 앞머리가 무성한 이유는
사람들이 나를 보았을 때 쉽게 붙잡을 수 있게 하기 위함이고,
뒷머리가 대머리인 이유는
내가 지나가고 나면, 다시는 나를 붙잡지 못하게 하기 위함이고,
발에 날개가 달린 이유는
그들 앞에서 최대한 빨리 사라지기 위함입니다.
나의 이름은 '기회'입니다.
저울은 기회가 앞에 있을 때
그 옳고 그름을 분별하고 판단하기 위함이고,
칼은 옳다고 판단할 때 칼같이 주저 없이 결단할 것을 촉구하기
위함입니다.

인생에 있어 기회는 세 번 온다는 옛말이 있다. 옛말일 뿐이다. 기회는 사실 정보력이라 할 수 있다. 누가 더 많은 정보를 갖고 있는가, 얼마나 정확한 정보를 확보하는가, 받은 정보를 올바르게 이해할 수 있는가, 또 그 정보를 과감하게 선택할 수 있는가에 따라 성공의 기회를 얻을 수 있다.

현대사회에서는 정보의 홍수로 말미암아 매순간 기회가 지나가고 있다. 개인은 물론 기업 모두 자신의 앞에 기다리고 있는 기회를 포착하고 최대한 그 기회를 활용해야 할 것이다.

특히 고객만족의 경우 고객과의 서비스접점에서 그런 기회가 찾아올 수 있다. 고객의 관심에 귀기울이고 관찰하는 노력을 계속한다면 고객만족경영에 쉽게 접근할 수 있을 것이다.

항상 자신의 위치에서 꾸준하게 노력하라

연예인들은 항상 화려하게 보이고, 행복하게 일하며 많은 부를 누리며 산다고 생각한다. 실제로 톱스타로 불리는 연예인들은 그러할지 모른다. 하지만 2017년 1월 국세청 조사에 따르면 연예인 중 상위 1%는 전체 연예인 수입의 절반 가까이를 버는 반면 90%는 연간 수입이 1,000만 원도 채 되지 않는다고 보도했다.

우리 눈에 친숙한 조연배우들 역시 그러한 과정을 거쳐 지금의 톱스타 반열에 합류하게 되었다. 그들이 성공한 이유는 무엇일까?

그들의 속사정을 다 알 수는 없지만, 분명한 것은 정말 자신이 좋아하는 일을 자신이 할 수 있는 만큼 최선을 다해 끊임없이 노력해 왔다는 것이다. 자신의 실력을 높이기 위해 꾸준히 노력하다 보면 우연치 않게 기회를 갖게 된다.

조급해 하는 성격을 변화시켜라

이탈리아, 오스트리아, 이집트를 차례로 정복하고 프랑스의 권력을 잡은 나폴레옹은 프랑스 혁명으로 무너진 왕정에서 스스로 황제의 관을 쓰고 황제가 되었다. 그에 대한 평가는 다양한 스펙트럼을 갖고 있지만 그의 전술적 능력이나 용병술은 역사상 최고로 손꼽힌다. 하지만 세계정복이라는 야욕과 하루빨리 세계 군주로 우뚝 서야 한다는 조급증으로 러시아 원정은 실패로 돌아갔고(제리 마나스, 나폴레옹 리더십) 그 결과 나폴레옹의 꿈은 최후를 맞이하게 되었다.

영화배우 김윤석 씨는 "동기나 후배 연기자들이 톱스타 반열에 오를 때 조바심이 나질 않았는가?"라는 기자의 질문에 이런 말을 했다.

"바로 그 조바심이 사람을 망치죠, 관건은 내가 카메라 앞에서 온전히 잘할 수 있느냐 없느냐예요. 조바심을 낸다고 될 일이 아니죠. 평생을 할 일인데 조금 빠르거나 늦게 시작하는 것이 뭐 대수겠습니까."

그의 답변은 많은 것을 생각하게 해준다. 기회라는 것은 조바심이나 조급해 할 것이 아니라, 온전히 자신의 일에 몰두하고 있을 때 스스로 찾아와 내 앞에 마주하게 되는 것이다. 고객만족경영을 생각할 때, 시행하자마자 그 효과가 바로 나타나는 것이 아니라, 그러한 노력이 쌓여 스스로 인정받게 되는 기회가 오는 것이다.

당장 고객의 칭찬점수를 통해 서비스를 경쟁하는 것이 아니라, 고객과 지속적으로 소통함으로써 발전해 나가야 할 것이다. 서비스가 점수로 평가되어서는 안 되는 이유가 여기에 있다.

조급한 성격을 버려라.

조급하면 당장 앞이 보이질 않는다.
마음의 여유를 갖고 주변을 살펴라.

끝까지 될 때까지 한다

초부득삼(初不得三)은 첫 번에 실행한 것이 세 번째는 성공한다는 뜻으로 꾸준히 하면 성공할 수 있다는 말이다. 우리 속담에 "열 번 찍어 안 넘어가는 나무 없다"는 뜻을 갖는 십벌지목(十伐之木)도 이와 일맥상통하며, 마부작침(磨斧作針) 역시 도끼를 갈아 바늘을 만든다는 뜻으로 아무리 어려운 일이라도 끈기 있게 노력하면 이룰 수 있음을 비유하여 노력의 중요성을 일깨워준다.

가장 현실적인 사례로 삼고초려(三顧草廬)를 들 수 있다. 삼고초려는 유비가 제갈량을 얻기 위해, 수레에 예물을 싣고 양양 땅에 있는 그의 초가집을 세 번 방문한 데서 유래한다.

『삼국지』가 아니라도 그러한 사례는 쉽게 찾을 수 있다. 에디슨은 탄소 필라멘트 개발을 위해 백금에서 자신의 머리카락까지 이용해 가며, 1,200번이 넘는 실험 끝에 백열전구를 완성시키게 된 것이다. 그는 면사, 아마사, 나뭇조각, 종이 등 다양한 방식으로 실험했으며, 흑연, 탄소 재료를 다양한 모양으로 타르와 섞어 다양한 길이와 지름의 선으로 꼬아보기도 했다. 그는 실패를 마주할 때, 그 실패 원인을 찾아 해결을 반복함으로써 수많은 발명품을 만들어낸 것이다.

실패를 두려워하지 않는 사람 중 라이트 형제를 빼놓을 수 없다. 그

당시 많은 과학자들이 하늘을 날고자 수많은 실험을 계속했다. 하지만 모든 실험은 실패로 돌아갔다. 결국 사람은 하늘을 날 수 없다는 결론을 내리게 된다. 하지만 라이트 형제는 결코 포기하지 않았다. 수많은 실패 후 비행 노하우가 문제였음을 발견했다.

나는 직원을 모집할 때 '최선을 다하겠다'고 말하는 사람을 좋아하지 않는다. 이는 포기를 전제로 한 것이기 때문이다. 나는 최선을 다했지만, 팀원이 도와주지 않아서, 또는 경기가 좋지 않아서 등 핑곗거리를 찾기 위한 변명이기 때문이다. 반면에 '성공할 때까지 반드시 하겠다'고 말하는 사람을 좋아한다. 이유는 항상 성공을 위해 사고의 방향이 바뀌고, 실패할 경우에도 이를 성공으로 변화시킬 수 있는 방법을 찾아내게 되기 때문이다.

될 때까지 끝까지 한다.

최선을 다한다는 것은 중간에 포기할 것을 전제로 한다.
대신 될 때까지 끝까지 한다는 각오를 가져야 한다.

상호성의 원칙을 지켜라

『책 읽고 매출의 신이 되다』의 저자 고명환. 그는 1997년 MBC 공채 8기 개그맨이자 영화배우이다. 젊은 세대에게는 그리 많이 알려지지 않았지만 '불꽃 속으로', '코미디에 빠지다', '두사부일체' 등 방송과 영화에 출연한 경력이 많은 연예인이다. 그는 감자탕, 실내포장마차, 골프연습장, 스낵바, 닭가슴살 등 손대는 식당마다 실패를 거듭했다. 그는 자신의 실패를 딛고 일어서고자 책에서 읽은 것들을 철저히 적용하여, 마지막으로 오픈한 것이 일산의 '메밀꽃이 피었습니다'라는 메밀 전문음식점이다. 여기 음식점에서 또 다른 경영의 방식이 돋보인다. 그는 옆에 있는 미용실에 찾아가 손님에게 커피 공방 수강권을 무료로 나누어주었다. 그리고 그 공방에서의 수업은 12시 이전에 반드시 마치도록 당부를 했다. 수강생들이 수업이 끝나면 점심을 먹으러 그의 가게를 찾게 하기 위함이었다. 또한 어린아이가 올 경우 아기용 의자를 본인이 직접 가져와 일회용 물티슈로 깨끗이 닦아 아이를 앉혀준다고 한다. 사실 음식의 맛을 정확히 구분할 수 있다는 절대미각은 확률적으로 많지 않다. 고객들은 식당에서의 기분에 따라 음식 맛이 결정될 수도 있다는 것이다. 아이의 엄마는 아이에 대한 배려에 감동받게 되고, 당연히 음식을 맛있다고 느꼈을 것이다. 먼저 베풀고 돌려받는 상호성의 원칙이 보인다. 그의 식당에서 감명받은 고객들이 주변 사람들에게 자연히 입소문을 내게 되고... 그래서 사업은 성공할 수 있었다. 그리고 그의 경험이 바로 『책 읽고 매출의 신이 되다』로 쓰여 베스트셀러가 되었다.

누이 좋고 매부 좋고

당신을 위한 일이 곧 나를 위한 일입니다.

위트의 코드

위트의 사전적 정의는 사물을 인식하고 타인에게 웃음을 줄 수 있는 능력, 또는 독자나 관객을 즐겁게 하기 위해 고안된 문학적 요소를 뜻한다. 위트는 유머와는 다르게 '지력'이나 '창의력'과 같은 진지한 정신능력을 의미한다.

즉, 타인의 즐거움을 위해 고안된 요소로 축약할 수 있다. 비꼬고 우스꽝스럽게 만드는 웃음의 요소가 아니라, 배려에 의한 따뜻한 마음씨가 핵심이 된다.

그렇기 때문에 고객만족의 관점에서 위트는 서비스 상황에서 벌어질 수 있는 다양한 변수에 대한 대응력으로 '재치' 또는 '센스(sense)'의 포괄적 개념이라 할 수 있다.

리셀웨폰과 같은 영화 속 장면에서 위기의 순간에 불안함을 앞세우기보다 상대방에게 엉뚱한 말을 해서 위기를 재치로 승화하는 등장인물들을 자주 보게 된다. 이것은 분명 상대방을 배려하는 차원이다.

이러한 배려의 마음에는 긍정적인 사고가 가장 중요한 역할을 한다. 리더피아의 대표기자인 유승용의 "영혼이 있는 리더들의 7가지 습관"에서는 성공한 리더의 조건으로 '미친 상상력', '절대긍정, 절대(초)긍정 마인드', '완전한 열정과 몰입', '실천적인 변화와 혁신', 아너십(Honorship)', '서번트 리더십, 그리고 감사의 마음', '진정한 나눔과 봉사'의 7가지 요소를 꼽고 있다. 그만큼, 긍정적인 마인드가 중요하다.

이러한 절대긍정의 마인드가 서비스 직원만의 태도가 아닌, 조직 문화로 자리 잡을 수 있게 하는 방안으로서의 접근이 바로 위트의 코드이다.

상대방을 배려하는 긍정적이고, 따뜻한 마음씨를 위트의 코드로 정리해 보고자 한다.

위트는 돈이 들지 않는다

어느 한 음식점에 들어서자, 입구 정면에 교훈이라 적힌 액자가 눈에 띄었다. 거기에는 이렇게 적혀 있었다. “여자 말을 잘 듣자.”

아마도 식당에서 메뉴의 선택권이 여성에게 있다고 판단하여 만들었을 것이다. 이러한 위트 있는 표현으로 들어오는 사람의 기분을 익살스럽게 전환시킬 수 있다. 이곳은 식당 내부 곳곳에 이러한 위트 있는 표현들이 보편화되어 있었다. 특히, 테이블 자리가 아닌 방 입구에는 세 가지 교훈이 적혀 있다. “주식을 하지 말자, 보증을 서지 말자, 밥은 먹고살자.” 그리고 그 아래에 “신발 분실 시 주인이 책임지겠습니다. 안심하고 편하게 드세요.”

테이블에도 이러한 위트 있는 표현이 있는데, 무한감동 서비스 일곱 가지가 있으며, 음식 역시 모듬고기의 경우 각 부위를 설명하는 종이 깃발이 꽂혀 있어 고기를 모르는 사람도 부위를 보며 배울 수 있는 다양한 재미를 주고 있다.

과연 이러한 위트를 표현하기 위해 얼마나 많은 돈이 필요했을까? 아마도 부담되지 않는 투자로 방문한 고객에게 최고의 효용을 주지 않았을까? 싶다.

사실 절대미각을 갖고 있는 사람은 많지 않다. 또한 보통의 식당에서는 일반적으로 오랜 노하우 등 음식 맛이 문제되는 곳은 많지 않을 것이다. 따라서 제공되는 서비스나 주인의 환대, 분위기를 통해 음식의 맛이 증폭되는 현상이 일어날 수밖에 없다.

떼루와는 생과일 주스, 프리미엄 커피, 파니니를 판매하는 음료 프랜차이즈로 '아끼면 망한다'를 사훈으로 시장을 확장해 나가고 있다. 생과일 주스를 소재로 한 전문점은 쥬시가 먼저지만, 후발 주자임에도 불구하고 익살스러운 사훈이 고객의 눈길을 사로잡게 되었다. 짧지만 강력한 의지를 보여주는 단순한 위트가 마케팅의 중심이 되기도 한다.

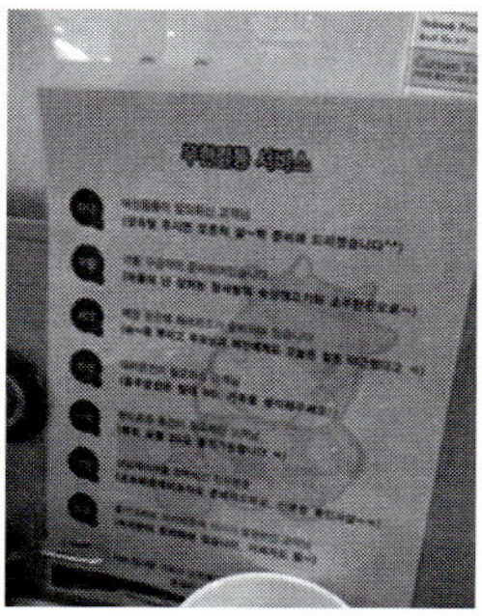

하나, 여성용품이 필요하신 고객님
(귓속말 주시면 모른 척 살짝 준비해 드리겠습니다.)

두울, 각종 구굽약(구급약)이 준비되어 있습니다.
(마음에 난 상처는 숙성 생고기와 소주 한 잔으로.)

세엣, 매장 곳곳에 페브리즈가 준비되어 있습니다.
(쑤욱 뿌리고 부모님과 애인에게도 오늘은 힘든 야근했다고.)

네엣, 대리운전이 필요하신 고객님
(음주운전은 절대 No. 가족을 생각해 주세요.)

다섯, 휴대폰 등 충전이 필요하신 고객님
(특히 2G도 충전 가능합니다.)

여섯, 생일케이크 깜빡하신 친구분들
(초코파이케이크라도 준비해 드려요. 신분증 확인사살)

일곱, 흘러내리는 머리 때문에 식사가 불편하신 고객님
(머리끈이 준비되어 있습니다. 가져가도 됨)

경기도 의왕시의 백운호수에는 수많은 음식점이 즐비하다. 세련된 디자인, 장작구이, 건강식 등 다양한 메뉴가 있어, 온 가족이 단란한 시간을 보내기에 안성맞춤이다. 여기 이 많은 음식점 중에 안동국시 소람이란 곳이 있다. 이곳에는 매우 재미있는 스토리텔링이 있다. 바로 국수와 국시의 차이점이다.

'국수는 밀가루로 만들고, 국시는 밀가리로 맹근다.
밀가루는 봉지에 넣어 팔고, 밀가리는 봉다리에 넣어 판다.
봉지는 가게에서 팔고, 봉다리는 점방에서 판다.
가게에는 아주머니가 있고, 점방에는 아지매가 있다.
아주머니는 아이를 낳았고, 아지매는 얼라를 낳았다.
아이는 아버지가 되었고, 얼라는 아부지가 되었다.
아버지는 국수가게 사장이 되었고, 아부지는 국시가게 사장이 되었다.
그래서 국수와 국시는 다르다.'

이 스토리텔링은 그곳을 방문한 고객의 입소문을 타고 전파된다. 재미있는 이야기는 계속 퍼져나가고 발전해 나간다. 그리고 우연찮게 그곳을 방문한 사람이 이것을 보았을 때, 반가움을 느끼게 된다. 당연한 얘기다. 여기서 더욱 중요한 것은, 만약 이 스토리텔링을 통해 음식점의 이름을 알게 된 사람의 주변에 분점이 생길 경우 그 음식점에 대한 호의는 상당히 높아질 것이다.

더 이상 말로 설명할 필요가 없는 스토리텔링이다. 매우 재치 있는 표현으로 한번 읽은 사람은 쉽게 기억되고, 또 그에 대한 이야기를 다른 사람에게 전파할 수 있는 소재를 만들어주었다.

이러한 다양한 위트는 모두 비용이 들지 않는다는 공통점이 있으며, 단순하지만 많은 사람들의 기억을 지배할 수 있는 강력한 메시지를 갖고 있다. 즉, 위트는 강력한 고객만족의 방안이 될 수 있다.

고객만족으로서 위트의 적용

위트 있는 서비스는 상대방을 배려하는 마음씨와 재치 있는 응대라고 할 수 있다. 이러한 위트서비스는 사실 우리가 쉽게 접할 수 있다. 구로 디지털단지역 주변의 '도적'이란 음식점은 손님이 들어가는 순간 전 직원이 큰 소리로 인사를 한다. 그런데 그 인사는 동시에 하는 것이 아니라 순서대로 여기저기서 들려온다. 힘 있고 당당한 그 인사소리에 우선 기분이 좋아진다. 메뉴는 더욱 재미있다. '훔친 소 한 마리'라고 하여 음식점 상호가 묘하게 잘 어울리는 위트가 있는 메뉴다. 고객만족의 3대 요소가 상품, 서비스, 이미지라는 점을 생각하면, 이러한 위트는 고객만족을 위한 재치라고 할 수 있다.

스포츠센터나 피트니스센터에 이러한 문구의 액자를 걸면 어떨까? '오늘도 멋진 몸을 만들러 오셨습니까? 만들어 드릴게요!' 정말 신뢰가 가는 위트다.

호텔에서는 아무리 급한 일이 있어도 로비에서 직원이 뛰어다니는 모습을 볼 수 없다. 그것은 직원의 불안한 모습이 고객에게도 똑같이 전달되어 불안해 할 수 있기 때문이다. 호텔에서 숙박하고자 하는 고객은 안전을 추구하기 때문에 소란스럽고 분주한 분위기보다는 차분하고 안정된 이미지가 중요한 고객만족의 요소이기 때문이다.

따라서, 위트는 서비스 태도의 관점이 아니라, 고객만족 3대 요소의 관점으로서 상품개발에서, 서비스접점에서 그리고 기업의 이미지 구축 관점에서 동시에 접근되어야 할 것이다.

위트는 어디에나 적용할 수 있다.

어떠한 방식이든 고객만족을 위한 재치 있는 행동을 실천하라.

긍정의 문화가 위트의 기본

라마다 호텔은 선릉에 처음 도입된 브랜드로서, 현재 국내에서 가장 빠르게 성장하는 호텔 브랜드 중 하나이다. 라마다는 '나무 그늘에서의 휴식'의 의미를 갖는다고 한다. 나무 그늘과 휴식에서 갖는 느낌은 바로 평온함이다. 무엇에 구속받지 않고 여유를 즐기는 모습을 상상할 수 있다. 매우 긍정적인 이미지이다.

이러한 긍정적인 기업문화는 이 호텔에서 사용되는 문구에서도 발견할 수 있다. 보통 호텔에서 사용되는 DND카드(Do Not Disturb, 방해하지 마시오) 대신 'I am (　　　)'카드를 사용한다. 괄호 안에는 반드시 긍정적인 형용사가 들어와야 한다고 교육한다. 즉 방해하지 말라는 부정적인 단어가 아닌, 잠을 자고 있다는 'Sleeping'을 넣어 '잠을 자고 있습니다.'로 순화하여 표현한다. 잠을 자고 있다는 것은 당연히 방해하지 말아달라는 의미인 것이다. 이로 인해 라마다 호텔의 긍정적인 문화가 생성되며, 고객은 물론 직원들까지 밝은 마음으로 소통할 수 있는 계기를 만들어준다.

우리 주변엔 너무 부정적인 경고문구들이 많다. 신발 착용금지, 서비스 안 됨, 음식물 반입금지, 화장실 없음, 애완견 출입금지, 잔디밭에 들어오지 마시오, 관계자 외 출입금지, 세차 시 부주의로 인한 파손 보상하지 않음 등 지금 주위를 둘러보면 이러한 표현을 쉽게 볼 수 있다. 세차장에서 파손에 대해 보상하지 않는다는 경고문구를 보면, 세차 후 더 꼼꼼하게 차량의 상태를 확인하게 되고, 발견된 흠집(예전 다른 곳에서 생긴 흠집)에 대해 오히려 세차장을 의심하게 되는 악영향을 미칠 수 있다. '출입금지'라고 쓰여 있는 문 앞에서 사람들은 호기심을 갖게 된다. 그리고 몇몇은 그 문을 열어보게 된다. 그곳은 직원 사무실이었다. '출입금지' 대신 '여기는 직원들이 일하는 곳입니다.'로 바꾼다면 문을 함부로 열어보지 않을 것이다. 금지하면 더 하고 싶어진다는 심리적 속성을 생각해 보면, 이러한 부정적인 단어 대신 긍정적이고 재치 있는 문구가 세상을 훨씬 더 즐겁게 함을 알게 될 것이다.

긍정적인 단어 사용

긍정적인 표현으로 상황을 재해석하자.
그러면 모든 사람의 맘이 긍정적으로 변화한다.

일관성의 법칙을 통한 긍정적인 브랜드 인지도 제고

위트의 코드에서 고객만족을 위해 가장 먼저 염두에 두어야 할 것은, 즉각적인 상품 판매를 위한 광고, 홍보가 아니라, 브랜드에 대한 긍정적 인식의 전환이다.

호텔 판촉부에서는 기업과의 객실 계약을 위해 새로운 거래처를 확보하고, 또 확보된 거래처를 주기적으로 방문하여 다양한 정보를 수집한다. 서울 시내 대부분의 특급 상용호텔은 이러한 기업으로부터 고객을 유치하기 때문에 판촉활동, 그중 새로운 신규 거래처와 계약하는 것을 매우 중요하게 생각한다. 판촉지배인은 항상 신규 거래처를 확보하기 위하여 다양한 노력을 하는데, 개인 성향에 따라 무조건 방문하는 자와 사전에 인터넷을 통하여 준비하고 약속을 정해 방문하는 자, 소개를 통해 접근하는 방식 등 다양한 모습을 보이고 있다. 하지만 어떻게 방문하게 되던 가장 많은 실수를 저지르게 되는 것은 너무 성급하게 계약을 성사시키려 한다는 것이다.

호텔 판촉직원으로부터 명함을 받을 때, 상대방은 내가 왜 방문했는지를 이미 알 수 있다. 보험직원이 방문하면 그 이유는 명백하지 않겠는가? 처음 만남부터 호텔에 대한 얘기, 상품에 대한 얘기만 늘어놓게 되면, 상대방은 지루함을 느낄 수밖에 없다. 상대방이 지루함을 느끼는 순간 나의 이미지도 지루함으로 변하게 되어, 다시 약속을 잡는 것은 어려워지게 된다.

나는 사전 약속 없이 무턱대고 방문한다. 약속이 없었기 때문에 문 앞에서 거절당하는 경우도 있다. 위기는 기회이다. 반드시 그 기회를 노려야 한다. 여기서 중요한 것은『설득의 심리학』의 두 번째 법칙인 일관성의 법칙을 고려해야 한다는 것이다. 상대방이 반드시 'YES'라고 대답하도록 유도해야 한다. 한번 문을 열어주면, 다음에도 계속 열어주게 되기 때문에, 방문 목표를 문을 열어 인사만 한다고 생각하면 부담도 적어지고 자신감도 생긴다.

그래서 잠시 명함만 드리고 가겠다고 말하고 명함만 주고받는다. 단순한 요청이기에 거절하기 힘들어 문이 열린다. 목표대로 명함만을 주고받는다. 내가 온 이유는 설명하지 않아도 정확히 상대는 알고 있기에 미련을 둘 필요가 없다. 대신 돌아서 나오면서 책상 위를 둘러본다. 가족사진이 있는지 또는 개인적 취향이 어떤지만 눈치를 채는 것이다. 그리고 3일 뒤에 전화해서 약속을 잡는다. 이때도 일관성의 법칙이 요구된다. 상대가 긍정적인 선택을 할 수 있도록 질문을 한다. 즉, '언제 방문해도 될까요?'라는 식으로 개방형 질문을 선택하면 상대는 바쁘다는 핑계로 부정적 답변을 선택하게 된다. 한번 부정을 선택하면 다시 약속을 잡기가 어려워진다. 그래서 객관식으로 묻는 것이 낫다. '오늘 그쪽에 방문할 회사가 있는데 가는 김에 잠깐 들르겠다.'고 하며, 2시나 3시 중 어느 시간이 편하냐고 묻는다. 상대방은 지난번 방문 때 이미 긍정적으로 문을 열어주었으며, 정말 명함만 주고 갔기 때문에 오히려 특별하게 나를 기억하고, 허락을 요하는 질문이 아니라, 선택하는 질문을 했기 때문에 자기도 모르게 두 시간 중 하나를 선택하게 된다.

시간에 맞게 방문을 하고, 방문해서 먼저 호텔에서 만든 쿠키상자를 선물로 준다. 또한 절대 10분을 넘겨 이야기하지 않는다. 그 짧은 10분 동안 호텔에 대한 이야기는 절대 금물이다. 그저 그 사람의 관심사에 대해서만 이야기하는 것이다. 골프든 육아든, 교육이든 처음 명함을 전달했던 방문 시 그의 취미나 관심사를 미리 알아내고, 상대방의 관심사에 대해서 이야기하면 된다. 왜냐하면 그는 이미 내가 왜 왔는지를 알고 있기 때문이다.

서로 간에 이러한 만남이 반복되고, 호의가 생기면 점심식사를 호텔로 초청해서 같이하게 된다. 호텔까지 방문했으면 모든 일은 알아서 해결된다. 호텔에 대한 얘기를 할 때는 내가 근무하는 호텔이 아니라 일반적인 호텔에서의 매너나 유리한 정보들을 제공하는 정도면 된다. 객실 예약을 내가 직접 받을 필요도 없다. 그것은 예약실과 거래처가 직접 하기 때문이다. 판촉지배인이 할 일은 그렇게 사람을 만나서 진정으로 친해지는 일 뿐이다.

긍정적 이미지를 만드는 것은 굳이 상품의 특장점을 일일이 열거하고 비교하고 경쟁사를 모함하는 것이 아니다. 그저 나 자신을, 내 브랜드를 긍정적으로 기억하게 할 방법을 찾으면 되는 것이다.

한번 Yes는 계속 Yes

자신의 브랜드 이미지를 긍정적으로 만들어라.
한번 만들어진 이미지는 쉽게 변하지 않는다.

위트는 조직문화를 통해 자발적으로 생겨난다

위트는 반드시 타고난 성격이나 자질이라고 할 수 없다. 위트는 상대를 위한 배려이며, 이러한 배려는 긍정적인 마음에서 생겨나는 것이다. 긍정적인 마음은 물론 타고난 성향일 수 있지만, 훈련과 연습을 통해 배워나갈 수 있기 때문이다.

하지만 교육을 통해 긍정의 마인드를 확보한다는 것은 한계가 있다. 교육을 통해 긍정의 마인드를 습득하는 것이 아니라, 단지 위트적 표현방법이나 마음을 표현하는 태도를 배우는 것이기 때문이다. 따라서 긍정적인 마인드는 정기적이거나 조직적인 교육과 함께, 기업 문화를 적극적으로 변화시켜 자발적인 습득이 체화되도록 유도해야 한다.

이는 『설득의 심리학』의 한 예에서 살펴보면 쉽게 이해할 수 있다. 한국전쟁 당시 중국군에 포로로 잡혀간 미국 병사들은 그곳에서 자본주의에 대한 비판을 종이에 쓰게 됐다. 쓰지 않은 자에 대한 처벌 대신, 자발적으로 제출한 포로에 대한 처우가 개선되었다. 그 결과, 처음 몇 명이었던 것이, 전체 포로로 확대되는 현상이 나타나게 되었다. 그들은 미국으로 송환된 후 아직껏 자본주의에 대해 비판한다고 한다. 그 이유는 자발적으로 참여했기 때문이다.

즉, 일방적이고 강요적인 교육보다, 주변의 환경에 변화를 추구함으로써 자발적인 변화를 이끌어내는 것이 중요하다. 교육보다는 긍정의 조직문화를 통한 자발적 참여가 밑받침되어야 한다. 조직의 문화는 각 구성원의 행동방식이 결합되어 조직 내의 행동양식으로 보편화된 것을 의미한다. 또한, 한번 형성된 조직문화에 의해 새로운 구성원은 그 행동양식인 문화에 영향을 받아 적응하게 된다.

위트는 위기의 순간에 창의적으로 변하게 한다

위트는 긍정이며, 긍정은 위기를 극복할 수 있는 힘이 된다. 위기는 위기와 기회가 동시에 존재하는 상태로, 부정적 시각으로 보면 피하고 싶은 짐이 되지만, 긍정적으로 해석하면 답을 찾아내는 문제인식이며, 해결의 과정이다.

모든 성공한 사람들이나 기업은 위기를 어떻게 극복했는가에 의해 결정된다. 조바심은 부정적 사고의 결과이며, 이러한 조바심은 결국 스스로를 포기하게 만드는 가장 큰 적이다.

현대중공업은 배는 꼭 도크에서 만들어야 하는가라는 문제인식을 제기해 레일을 설치함으로써 세계 최초로 육상에서 배를 만들었다. 이러한 위트는 납품일이 얼마 남지 않은 상태에서 낮은 가격으로 수주를 받은 위기에서 시작되었으며, 그 결과 1,500억 원의 비용을 절감하고 공기를 30일 단축하는 창의적인 위기극복 사례가 된다.

이것이 가능했던 것은 위기의 순간에 긍정적이고 창의적으로 문제를 인식하고 해석하기 위한 노력에서 비롯되었으며, 이러한 자세가 바로 위트인 것이다.

항상 열린 문화로 다양한 아이디어를 생각한다

3M의 윌리엄 맥나이트 전 회장은 '아이디어를 죽이지 말라'고 하여 15% 룰의 조직문화를 만들었다. 직원이 자신의 근무시간 중 15%를 부여된 자기 업무 이외의 창조적인 연구에 사용하도록 하는 혁신적인 프로그램이다. 이러한 시간을 활용해 혁신적인 아이디어를 제안한 구성원이 자신의 아이디어를 직접 운영할 수 있도록 최대 10만 달러의 펀드를 제공해 주었다. 이를 통해 3M은 수많은 사내기업가를 양성하고 있다. 통상 매년 약 15개 정도에 대해 제너시스 그랜트(Genesis Grant, 펀드 제공 제도)를 제공하여 10억 달러의 매출을 일으키고 있다.

구글의 20% 창의적 아이디어 시간제도와 홀마크의 30%의 재충전의 시간 역시 회사업무와 관계없이 개인적인 아이디어에 몰두할 수 있도록 공식적으로 인정하는 위트 있는 경영방식으로, 혁신과 창의적 사고를 배양할 수 있는 시스템을 제공하고 있다.

위트 상품 만들기

고객만족의 첫 번째 요소인 상품은 수익 창출과 직결되는 부분이다. 그렇기 때문에 무엇보다도 품질의 우수성을 높여야 하는 것은 당연한 이치이다.

생산원가를 낮추되 품질을 높여 이윤을 극대화하는 것은 판매 지향시대와 마케팅 지향시대의 역할이었다. 하지만 정보의 개방화로 인해 기술과 지식은 쉽게 공유되고, 이에 따라 상품이나 품질의 보편화 현상이 두드러지게 되었다. 여기서 생겨난 것이 브랜드이지만, 이젠 브랜드 파워 역시 충성도에 큰 영향력을 행사하기 어렵다.

상품 자체만으로도 어떠한 노력 없이 수익을 극대화할 수 있는 것이 있다. 혁신적인 제품, 예를 들어 정말 확실한 효과가 증명된 발모제가 개발된다면, 광고나 마케팅 없이도 막대한 수익을 올릴 수 있을 것이다. 하지만 몇 년이 지난 후 다른 제약사에서도 만들 수 있는 기술력이 확보된다면 상황은 달라진다. 독점기업의 경우도 마찬가지이다. 전기나 수도 등의 판매권이 독점화되지 않고 자유경쟁체제로 바뀌게 되고, 이에 따라 외국 기업까지 진출하게 된다면 어떻게 될지 생각할 필요가 있다. 이제 더 이상 애국심에 호소하는 마케팅으로는 경쟁하기 힘든 사회가 되었다. 오히려 그러한 애국심이 국가 경쟁력에 힘을 줄 수 없다는 것을 소비자들은 깨닫고 있기 때문이다. 언제 어떻게 닥칠지 모르는 경쟁상황에서 혁신과 독점 그리고 애국심이라는 요소에 기대는 것 자체가 무리이다.

이제는 상품 그 자체에 위트가 필요하다. 여기서 의미하는 위트상품이라는 것은 새로운 발명이나 신제품을 의미하지 않는다. 그저 고객의 입장에서 좀 더 편리하게 이용할 수 있도록 도와주는 서비스 차원의 배려면 족하다. 예를 들어, 한 피자가게에서 피자 받침종이에 칼집을 넣어 손잡이를 만들었다. 손에 기름을 묻히지 않고 잡을 수 있는 손잡이 피자는 고객을 위한 배려차원의 위트 있는 상품이다.

백화점에서 선물을 구매하고 따로 포장을 맡기는 경우가 종종 있다. 상품의 가치를 더욱 돋보이고 정성된 마음을 표현하기 위해서이다. 그래서 상품은 포장에 의해 완성된다는 것을 의미한다. 그렇기 때문에 요즘은 상품 자체의 용기에 대해서도 매우 고심하고 있다.

더욱 돋보이는 용기에 담아 소비자의 눈길을 끌기 위해서이다. 테이크아웃이 편하도록 음료와 치킨을 한 컵 안에 담는 편리성을 극대화한 경우나, 레그스의 팬티스타킹 포장용기를 달걀 모양으로 만들어 소비자인 여성들에게 위트 있게 접근한 사례는 모두 위트 있는 상품 전략이라 할 수 있다.

위트 상품은 광고를 통해 창조될 수 있다

정보의 홍수라는 표현은 근래 들어 더욱 심화되고 있다. 그러다 보니 광고의 원칙인 AIDA(Attention–Interest–Desire–Action)가 더욱 중요해질 수밖에 없다. 이제 일반적인 광고를 통해서는 고객의 관심을 끌 수 없다. 상품을 알리기 위해서는 참신한 위트가 필요하다.

인터넷 옥션을 통해 자신의 물건을 판매하려는 개인 판매자들의 경우 좀 더 관심을 끌기 위한 위트도 돋보인다. 골프채를 판매하기 위해 자신이 직접 촬영을 했는데, 골프채에 속옷차림으로 찍은 판매자의 모습이 반사되어 보이게 연출한 것은 이러한 광고의 원칙에 위트를 더한 사례라고 할 수 있다.

위닉스의 '뽀송'광고는 TV매체가 아닌 인터넷매체를 통해 전파되었다. 모 연예인이 습한 날씨에 대한 욕으로 두 연예인 간의 욕배틀이라는 용어로 구전되었다. 인터넷이 갖는 장점을 최대한 활용한 위트 있는 광고라고 할 수 있다. 하지만 너무 직접적이고 자극적인 위트는 걱정스럽다.

'서브리미널(Subliminal)' 효과란 광고학 용어가 있다. 이는 인간이 쉽게 인지하지 못하는 음향 또는 이미지를 삽입하여 잠재의식에 영향을 주는 기법이다. 코카콜라의 병모양이 여성의 아름다운 몸매를 연상하도록 만든 것 역시 이러한 서브리미널 효과를 이용하기 위한 것이다. 위트 있는 광고나 홍보 측면에 있어서 다양한 방식의 위트 있는 아이디어가 필요하다.

위트 서비스는 소통이다

한류는 우리나라의 문화를 전 세계에 알리는 계기가 됐다. 2002년도 월드컵 때 보여준 한국의 응원문화를 시작으로, 한국의 드라마와 영화가, 한국의 K-POP이 전 세계 대중의 관심을 불러일으켰다. 한국의 문화가 다양한 장르를 통해 세계와 소통한 것이다.

가수 싸이는 강남을 새로운 관광지로 급부상시킨 대표적인 한류스타이다. 그의 노래와 춤은 오락성이 짙은 공연으로 대중을 충동하여 인기몰이를 하였다고 비판할 수 있다. 하지만 그 내면에는 다른 요소가 자리 잡고 있다.

우선 그의 노래에 대한 열정과 태도이다. 그는 우리나라에서 가장 민감한 사항으로 거론되는, 군복무와 관련하여 의혹을 사고 다시 군에 입대해야 하는 시련을 겪는다. 그에 따라 많은 비난과 질타가 끊이지 않았다. 대부분의 경우 이러한 위기를 극복하지 못하고 좌절하는 경우가 많다. 하지만 그는 다른 사람의 시선에 굴복하지 않고, 자신이 좋아하는 음악을 계속 키워간다. 조급하지 않고 끝까지 자기가 원하는 노래에 열정을 쏟아냈고 그 결과 최고의 가수가 된다. 또 그의 음악에 대해서도 고려해 보면, 사회와 문화에 대한 현상을 해학적으로 풀어내고 있다는 것이다. 이러한 해학적인 접근은 뮤직비디오를 통해서 잘 표현되는데, 오스틴 파워와 비교될 수 있는 어린이를 등장시킴으로써 완성도를 높인다.

싸이는 스스로의 음악을 B급 문화라고 한다. 하지만 여기에는 대중과 호흡하고 사회모순을 해학적으로 해석하고자 하는 소통의 의지가 강하게 스며 있다는 점을 인식해야 한다.

문화도 상품이 될 수 있으며, 문화는 생활양식이라는 점에서 비추어볼 때, 구성원 간 소통이 바로 문화의 기반이며, 문화상품은 소통을 통해 더욱 발전되는 상품이라고 생각할 수 있다. 여기에서 위트는 적극적인 긍정의 소통방식인 것이다.

소통한다는 것은 막히지 아니하고 잘 통함, 뜻이 서로 통하여 오해가 없음을 의미한다. 그렇기 때문에 소통의 의미를 단순한 대화로 오인하기 쉽다. 하지만 소통은 언어적인 대화만을 통해서 이루어지지는 않는다. 서로 언어가 통하지 않는 외국인과도 마음이 통할 수 있다. 서로의 감정의 교류가 필요한 것이 소통이다. 의류매장을 방문할 경우 자유로운 쇼핑을 원하는 고객에게까지 과도한 배려를 아끼지 않는 경우가 많다. 고객의 입장에서는 난감하기 이를 때 없다. 이것은 소통이 아니다. 소통은 고객의 입장에서 고객을 이해하는 것이다. 과도한 서비스로 고객과의 소통을 단절하기보다, 고객이 필요로 할 때, 편안하고 신속하게 서비스를 제공하는 것이 위트 있는 서비스가 될 것이다.

소통이 만사형통

소통이 잘되는 사람이 성공하듯이
소통이 가능한 기업만이 살아남는다.

위트 있는 서비스, 올바른 의사소통이 중요하다

"커피 나오셨습니다." 커피전문점에서 아르바이트생이 손님을 부른다. "설탕과 티슈는 저쪽에 있으십니다.", "손님 그것과 이것은 틀린 건데요." 아마 많은 사람들이 동감할 수 있을 것이다.

일상적인 장소에서 또는 가족이나 친구 간에 이런 것을 지적하면, 답답하게 산다고 따돌림받을지도 모르겠다. 하지만 꼭 짚고 넘어가고 싶다. 일상적인 생활에서부터 언어의 선택이 올바르지 못하면, 정작 고객입장에서 불쾌한 경험을 하는 사람도 있기 때문이다.

회사에서 쉽게 실수하는 표현이 있다. "김 대리님, 이 부장님께서 회의실로 들어오시랍니다." 바른 표현은 "김 대리님, 이 부장님께서 회의실로 들어오라 (하)십니다."이다. 왜냐하면 이 부장은 김 대리에게 들어오라고 한 것이지, 들어오시라고 한 게 아니기 때문이다. "이 부장님, 김 대리님께서 오늘 외근하신다고 합니다."의 경우 김 대리님이 아니라 김 대리가 되어야 할 것이며, 외근하시는 것이 아니라 외근한다가 맞는 표현이다.

또한, 고객과 위트 있는 서비스를 제공하기 위해서는 말을 잘하는 것보다, 고객의 말을 잘 듣는 것이 중요하다. 시선과 자세를 상대 쪽으로 향해 듣고, '아하, 저런' 등 감탄사 등을 활용해 호응하는 것도 좋다.

항상 고객의 입장으로 바꾸어 생각하고, 선입견이나 편견에서 벗어나 고객의 요구사항을 정확하게 확인해야 한다. 이때, 표현되는 말보다는 비언어적인 제스처를 주의 깊게 살펴야 하는 것도 상대를 이해하는 좋은 방법이 될 수 있다. 그 후에 위트 있는 답변을 한다. 위트 있는 답변은 말솜씨가 뛰어나 말로 고객을 이끌고 가는 것이 아니다. 고객에게 호감을 만드는 말하기이다. 항상 긍정형으로 이야기하는 연습을 해야 한다. 또한 고객에게 부탁해야 하는 표현에 있어서는 청유형으로 해야 한다. 대화는 계속 이어질 수 있도록 개방형으로 하며, 직설적인 표현보다는 완곡한 표현으로 말하는 연습을 해야 한다.

고객에게 호감을 만드는 말하기

상대를 살피기, 긍정으로 말하기, 청유형, 개방형, 완곡한 표현 쓰기

호텔에서는 절대 'No'라고 말하지 않는다

호텔에서는 절대 'No'라고 대답하지 않는다고 들었을 것이다. 만약 어떤 고객이 들어와서 객실을 무료로 달라고 요구하면 어떻게 대답해야 할까?

서비스의 개념이, 지불할 능력이 있는 사람에게 시설과 용역을 제공하고 그 대가를 받는 것이기 때문에, 당당하게 안 된다고 말해야 할 것인가? 호텔에서는 'No'라고 하면 안 된다고 배웠으니 'Yes'라고 답해야 하는 것인가?

'Yes'가 맞다. 앞에서도 설명했듯 대화는 항상 긍정적으로 해야 한다. 또한 개방형으로 해야 한다. 'No'라는 대답은 단절이며 폐쇄적인 대답으로 대화가 될 수 없기 때문이다.

다만, 먼저 긍정으로 대답한 후, 계속 이어갈 수 있다. "예, 무료로 객실을 드리겠습니다. 다만, 무료로 제공하기 위해서는 총지배인의 결재가 필요합니다. 제가 총지배인에게 허가받을 수 있도록 먼저 객실 사용 계약을 맺고 손님 열 분 정도만 소개 부탁드립니다. 그럼 제가 반드시 무료로 객실을 드릴 수 있도록 하겠습니다."라고 대답할 수 있다.

위트 넘치는 기업 이미지 만들기

미국 렌터카 1위 기업은 허츠(Hertz)이며, 2위는 에이비스(Avis)였다. 에이비스의 광고회사는 2위를 캠페인으로 이용하자는 제안을 하였다. '우리는 2등입니다. 그래서 더 열심히 일합니다.(We're No. 2, So we try harder)'가 바로 그것이다. 그 결과 소비자들의 반응은 가히 폭발적이었다.

위트 넘치는 기업 이미지를 만든다는 것은, 억지로 이미지를 형성한다기보다, 기업이 지향하는 비전과 가치를 재치 있고 자연스럽게 표현한다는 것을 의미한다.

기업 이미지를 만드는 위트의 폭과 방법은 다양하다. 에이비스와 같이 문장을 통한 이미지 전달방식뿐만 아니라, 홍보를 통한 방법도 제시할 수 있다. 부산 APEC 당시 현대자동차의 행사차량 지원은 말이 아닌 행동으로 보여주는 기업의 이미지 확보 전략이라 할 수 있다. 장학퀴즈 후원을 통해 미래지향적 기업 이미지를 구축하는 SK의 홍보 역시 위트가 넘친다.

하지만 여기에는 모두 비용적인 부담이 크게 작용될 수밖에 없다. 중소기업이나 자영업자의 경우 이러한 경제적 부담으로 인해 이미지를 구축하기 어려울 수 있다. 이러한 위기를 긍정적으로 활용하면, 또 다른 이미지 구축방법을 찾을 수 있다. 가장 실효성 있는 사례로, 엠부시 마케팅(Ambush Marketing)과 넛지 마케팅(Nudge Marketing)을 생각해 볼 수 있다.

'엠부시 마케팅(Ambush Marketing)'은 매복마케팅이라고도 하는데, 교묘하게 규제를 피해가는 방법이다. 주로 스포츠 이벤트에서 공식후원 업체가 아니면서, 관객의 시선을 모을 수 있는 이벤트를 통해 기업을 홍보하는 방법이다. SK의 붉은 악마 유니폼을 통한 이벤트가 대표적인 사례로 꼽힌다. KTF는 월드컵 공식 후원업체로 전 세계를 무대로 홍보의 기회를 갖게 되었다. 막대한 자금을 투자해야 했던 KTF보다 SK는 경제적인 관점에서 승리를 거두게 되었다. 이러한 엠부시 마케팅은 경기 관람석에 기업의 로고가 새겨진 티셔츠를 입게 하여, 화면이 이동할 때 자연스럽게 노출시킬 수 있다. 월드컵뿐만 아니라, 올림픽, 세계선수권대회, 종목별 국제대회 등 대중의 큰 관심과 이목이 쏠리는 메가스포츠 이벤트에서 자주 목격되는 장면들이다.

어느 날 공항에 가기 위해 서울 외곽순환 고속도로로 운전을 하게 되었다. 시흥방면으로 달리다 보면 도로바닥에 홈을 만들어 '떴다 떴다 비행기, 날아라, 날아라...'의 동요 소리를 들을 수 있었다. 시속 100km 주행 시 가장 완벽하게 들을 수 있으며, 속도가 더 높아지면 박자는 더 빨라진다. 소리가 재밌어 속도를 일부러 100km에 맞추게 되었다. 안전속도를 지키기 위해 고안된 넛지 마케팅이었다.

'넛지 마케팅(Nudge Marketing)'에서 넛지는 팔꿈치로 옆구리를 슬쩍 찌른다는 의미를 갖고 있다. 단어에서 상상할 수 있듯이, 옆사람에게 한번 해보라는 듯 독려하는 인상을 보여주는 것이다. 학술적으로 표현한다면 부드럽게 개입하여 선택을 유도하는 전략 정도로 인식하면 된다. 즉, 기존 마케팅에서는 상품의 장점을 살려 고객의 선택을 위해 집중한 것이라면, 넛지는 은근히 소비자가 상품을 선택하도록 유도하는 형태인 것이다.

건강을 위해 에스컬레이터 대신 계단을 이용하자는 캠페인보다는 계단에 발을 올리면 소리가 나는 폭스바겐의 스웨덴 스톡홀름의 피아노 계단은 대표적인 넛지 마케팅의 공익적 성과라 할 수 있다. 또한, 남아프리카공화국의 비영리단체에서 진행한 아동 손씻기 캠페인에서 비누 속에 장난감을 두게 하여 아이들이 스스로 비누를 사용하도록 유도하는 것, 네델란드 암스테르담 스키폴 국제공항 남자 화장실의 작은 벌레 그림의 스티커는 조준 사격이라는 재미로 우리 주변에서도 쉽게 발견되는 사례이다.

위트 넘치는 기업 이미지 만들기는 그 내용적인 면에서뿐만 아니라, 그 전달방식에 있어서도 매우 중요한 요소가 된다. 엠부시 마케팅이나 넛지 마케팅은 위트 있는 기업 알리기에 가장 효율적인 역할을 수행할 수 있을 것이다. 다양한 이벤트와 행사를 통하여 경제적 비용의 부담을 줄이며, 이미지를 구축할 수 있는 방안으로 모색되어야 할 것이다.

비전과 가치를 재치 있고 자연스럽게 표현

선영아 사랑해... 우리는 2등입니다....

간단한 아이디어가 이미지를 바꿉니다.

기업문화를 긍정적으로 바꾸세요.

경험의 코드

고객만족에 있어서 6POWER는 고객은 물론 기업과 그 구성원인 직원을 모두 포괄하는 코드이다. 공중에도 고객과 내부직원, 거래처 등 모든 개념을 포괄하고 있으며, 조직화도 고객공중과 함께 내부적 조직 및 커뮤니케이션의 소통을 포함한다. 위트의 코드 역시 고객을 향한 편의제공과 배려는 물론 긍정적이고 창의적인 아이디어를 위한 조직문화를 포괄하고 있다. 경험 역시 고객에게 경험을 제공한다는 것과 내부 직원이 다양한 경험을 통하여 소비자로서 필요로 하는 요소를 적시에 제공할 수 있도록 배려되어야 할 것이다.

어쩌면 위트코드나 경험의 코드는 인위적인 학습이 아니라, 자연스럽게 개별적으로 터득할 수 있는 매우 실무적인 차원으로서, 기업의 직원에 대한 배려가 그 중심이 될 수 있다.

앞서서 고객만족상담실의 불편한 사례를 들었다. 만약 콜센터의 직원이 마찬가지로 궁금한 사항을 타 기업의 콜센터에 문의했을 때의 불편한 점들을 미리 숙지하고 그에 대한 대응을 조직화했다면, 시스템상 어쩔 수 없다는 생각 대신, 긍정적이고 창의적인 방안을 창출할 수 있을 것이다.

예를 들어 용어의 편리성을 다시 고려해야 할 것이다. 내가 전문가가 아닌 일반적인 소비자의 입장에서 그 기업 내에서 사용되는 보편적인 용어 자체는 완전 새로운 용어로 어렵게 느껴질 수밖에 없다. 전화 ARS음성으로 이해되기 어려운 표현은 없는지, 혼동을 가져올 수 있는 표현은 없는지부터 조사해야 한다. 또한 문의사항의 분류를 위해 ARS의 단계가 너무 복잡하고 오래 걸리지 않는가도 고민해야 할 것이다. 해당 직원들이 반대로 자신들이 고객이 되어 경험해 보는 것이 필요하다.

경험 자체가 상품이 된다

2015년 미국 상무부는 물건 구매액보다 경험을 위해 사용되는 돈의 비중이 더 커지고 있다고 발표했다. 즉 물질재보다 경험재에 더 많은 소비를 하고 있다는 것이다. 그 이유는 경험재의 소비는 타인과 공유될 수 있지만, 물질재는 공유되기 힘들기 때문이다. 나이가 들고 경제적으로 윤택해질수록 물질재에 대한 욕구보다 경험재에 대한 구매욕이 생겨나게 된다. 경제적으로 어려운 시기에는 하나를 소유할 때 얻는 기쁨이나 만족이 컸다. 하지만 이미 소유한 상황에서 교체하는 경우 물론 순간적인 기쁨을 가질 수 있지만, 처음 소유할 때의 그러한 만족감을 충족하기 어렵다. 상대적으로 경험재의 경우는 같이 소비하는 사람과의 추억을 공유할 수 있기 때문에 평생을 두고 기억할 수 있다는 만족감을 선사하게 된다.

경험재가 물질재보다 더 중요한 몫을 차지하게 되었다. 식당에서 한 시간 이상 대기하는 경우를 상상해 보면 아마도 '짜증', '조바심 난다' 라는 단어를 연상하게 된다. 반면에 경험재로서 유명인의 콘서트를 기다리고 있을 때에는 '기대된다, 흥분된다'가 어울린다.

경험재와 마찬가지로, 경험마케팅은 이제 아주 중요한 고객만족 및 마케팅 전략의 중요한 수단이 되었다. 물질재를 경험재로 변모시키고자 노력한다. 이러한 방법으로 상품이나 서비스에 경험을 탑재하는 방식이 있으며, 경험 그 자체를 비즈니스 모델화하는 방법으로 구분되고 있다.

경험을 탑재하는 대표적인 예는 홈쇼핑에서 반품을 보장한다는 마케팅 전략이다. 이는 상품을 먼저 경험하고 불만족 시 구매를 취소할 수 있다는 전략으로 상품에 대한 확신이 있을 때 사용될 수 있다. 또 다른 예는 영종도에 있는 BMW 드라이빙 센터이다. 차량 구매를 독려하기보다, 자신이 직접 다양한 환경에서 BMW의 성능을 경험하고 상품에 대한 확신을 얻게 하기 위한 경험마케팅이 된다.

낙엽을 이용한 감성마케팅으로 유명한 현대백화점은 판교점을 오픈하면서 물건을 판매하는 공간이 아닌 즐겁게 놀고 체험하는 공간의 개념으로 탈바꿈을 했다. 롯데마트 양평점 역시 1층을 판매공간이 아닌 문화공간으로 구축하고, 인공 숲을 만들어 쉼터를 제공, 문화이벤트를 체험할 수 있는 무대공간을 마련하여 물질재를 경험재로 재인식시키기 시작했다.

경험 자체를 비즈니스 모델화하는 방안들도 많이 등장한다. 이러한 경험 비즈니스는 관광상품 같은 무형의 상품의 경우에 적용하기 쉽다. 즉 영화나 드라마 속의 장면을 상품화하여 드라마를 통한 감동을 경험하게 하는 방식이나, 증강현실을 이용하여 관광지를 현실과 같이 경험하게 하는 방식 등이 있다.

과천에 있는 마이알레 카페는 카페라는 단순한 공간을 3층에 온실식물원으로 만들어 새로운 경험을 제공하는 경험재로 만들었다. 온실카페 안에는 울창한 나무가 가득하고 숲이 우거진 느낌을 선사함으로써, 작은 숲속에 와 있는 듯한 경험을 제공한다. 잔잔한 음악과 다양한 식물을 통해 자연의 향을 느낄 수 있으며, 이러한 경험재를 통해 기념품과 식물관련 용품, 인테리어 용품 등 상품의 범위를 넓혔다.

전통적 백화점의 한계를 넘어 스타필드는 기존의 백화점과 대형마켓, 음식점, 제과점 외에도 복합아울렛, 카페, 영화관, 가구점, 전자매장, 아쿠아리움, 스포츠 체험공간, 각종 상점 등을 통째로 집어넣어 단순한 구매가 아닌 체험적 요소를 가미시킨 경험재 전략을 십분 활용하고 있다. 의류 및 상품을 판매하는 매장 내부에도 카페 등이 있어서 언제나 음료를 즐길 수 있고, 스포츠를 좋아하는 어른과 아이들이 직접 즐길 수 있는 스포츠몬스터라고 하는 공간도 있다. 스타필드에 있으면 하루 종일 하고 싶은 것을 모두 할 수 있다.

물질재를 경험재로...

소확행, 워라밸이라는 라이프스타일에 맞게
단순한 구매가 아닌 체험적 요소를 가미

고객만족의 경험은 소문이 난다

CRM에 있어 가장 빈번히 사용되는 사례는 미국의 Nordstrom 백화점일 것이다. Nordstrom은 미국 시애틀에 본사를 두고 있는, 100년 전통을 자랑하는 미국 최고의 백화점 중 하나이다. 1901년 구두가게를 운영하여 큰돈을 벌게 되었으며, 백화점으로 성장하였다. 이러한 연유로 인하여 자손들은 모두 백화점 신발매장에서 일하게 했다. 고객 앞에서 무릎 꿇는 자세를 배우게 하기 위해서이다. Nordstrom의 종업원은 고객과의 관계형성을 위해 충분한 권한을 행사할 수 있도록 한 것이 성공의 열쇠가 되었다. 이를 통해 높지 않은 급여에도 불구하고 높은 직무만족도를 유지하고 있다.

이 백화점에 대한 서비스 사례는 어디에서도 쉽게 찾아볼 수 있는데, 그만큼 만족한 고객은 구전을 통해 전 세계로 소문이 난다는 것을 알 수 있다.

또한, 기업을 이끌어갈 경영자가 신발매장에서 고객과 소통하는 경험을 통하여 고객만족경영을 더욱 실천할 수 있는 계기가 된 것이며, 이 또한 고객만족의 경험으로서 소문이 나게 된다는 것이다.

한번은 필리핀 민다나오에 방문했다. 매우 더운 여름이었고, 시원하게 목을 축이기 위해 맥주를 주문했다. 필리핀의 대표 맥주인 산미

구엘이 나왔고, 일행이었던 필리핀 친구는 컵에 얼음을 넣고 맥주를 따라 마셨다. 이곳에서는 맥주를 마실 때 이렇게 마신다고 한다. 그리고 우리나라에 돌아와 그 흉내를 내며 말했다. "산미구엘은 얼음에 타서 먹는 거야."

호가든 맥주 역시 이러한 마케팅 전략을 사용한다. 전용 호가든 잔을 이용하게 한다. 우선 맥주를 컵에 있는 눈금까지 따른다. 그리고 남은 맥주가 거품이 되도록 입구를 막고 병을 흔든다. 그리고 컵에 그 거품을 따르면 마치 컵에 넘칠 것같이 아슬아슬한 장면이 연출된다. 하지만 절대 넘치지 않도록 설계된 잔이기에 그럴 염려가 없다. 처음 보는 사람은 너무 신기하고, 다른 자리에 가서 똑같은 장면을 연출하게 된다.

새로운 경험을 통해 소문을 만드는 것이다.

이것이 진정한 구전

새롭고 즐거운 경험을 제공하라. 그러면 고객이 알아서 소문을 만들어준다.

자신이 없을 땐 피하는 것도 방법이다

얼마 전 미모의 연예인 소유진 씨와의 결혼으로 많은 부러움을 샀던 새마을식당의 백종원 대표가 방송에서 성공담을 이야기했다.

그는 처음 가게를 오픈할 때, 원래의 테이블 수보다 2개 정도를 줄여서 오픈한다고 한다. 그 이유는 처음 개업 시엔 더 많은 손님이 방문하기 때문에, 자칫 불만족스런 경험을 하게 되면, 다시는 찾지 않을 것이기 때문이라고 한다. 개업한 직후에는 아직 종업원 간 소통이 원활하지 못하기 때문에 혼란한 상황만을 연출하게 되고, 고의성 없이 고객에게 불편함을 제공하는 것보다 차라리 테이블 수를 줄여서 고객만족을 꾀한다는 전략이다. 또한 테이블이 부족하면 밖에 줄을 서게 되고, 지나가던 사람들도 장사가 잘 되는 곳으로 인식하게 되는 이중의 효과를 거둘 수 있다.

사람들은 '편향확증(Confirmation Bias)'의 고정관념을 갖고 있다. 자신의 믿음이나 신념에 유리한 정보에는 지나치게 관대하고, 그와 반대되는 정보에는 지나치게 적대적이거나 인색한 태도를 보이게 되는 것이다. 즉, 고객은 자신의 믿음이나 신념에 유리한 정보를 의도적으로 구해 기존의 인식을 더욱 강화하려는 경향을 보인다.

오픈 초기에 받는 서비스 품질이나 상품의 질은 그대로 고객에게 편향확증으로 자리 잡게 될 수 있다는 점에서, 오픈 초기 자신 없는 부분은 과감하게 피하는 것도 좋은 방법이 될 것이다.

자신이 없으면 피하라.

불만족스런 경험을 줄 바에는 한 발 물러서는 것이 낫다.

경험은 욕구를 자극한다

애플은 고객의 경험을 최우선시한다. 애플스토어 직원의 고객 만족키워드는 APPLE로 요약되는데, Approach(다가섬), Probe(탐색), Present(제시), Listen(경청), End(작별)를 요소로 한다. 즉 매장에 들어선 순간부터 감동을 경험할 수 있도록 고안된 고객맞이 시스템인 것이다.

애플스토어에서는 누구든 매장에 진열된 제품을 자기 물건처럼 사용할 수 있으며, 구매한 제품에 문제가 생기면 친절한 직원과 함께 문제를 해결해 나가는 만족경험의 장소를 제공한다.

올림푸스의 디지털카메라 광고를 보면, 상품 자체에 대한 우수성을 강조하지 않고, 오히려 'My Digital Story'라고 하여, 사랑과 추억을 강조하였다. 이는 감성적인 경험을 자극하는 것으로, 카메라를 어떻게 활용할지에 대한 방법을 제시하여 욕구를 자극하는 것이다.

'산토리 히비키(Santory Hibiki)'는 일본의 종합음료 기업으로 일본 내에서 주류 관련기업으로 가장 오래된 곳이다. 일본 음식과 위스키가 잘 어울린다고 대대적으로 홍보하였고, 무엇보다 일본 위스키를 즐기는 방법으로 위스키에 얼음이 아닌 물을 타서 마시는 '미즈와리(みずわり)'의 음주문화를 경험의 코드로 보급하여 대성공을 거두었다.

예전 크라운제과의 '산도'나, 현재 아이들이 좋아하는 '오레오'의 경우나 모두 과자 속 크림을 먼저 먹고 우유에 담가 먹는다는 방법을 경험적으로 제공하였고, P&G의 페브리즈는 광고를 통하여 페브리즈를 언제, 어떻게 활용할 수 있는지를 실생활의 사례를 통하여 간접경험할 수 있도록 하여, 소비자들의 경험코드를 증폭시키는 사례라고 할 수 있다.

경험은 욕구를 자극한다.

오감을 자극하여 소비자의 욕구를 개발하라.
사용방법을 제시함으로써 고객의 욕구는 증폭될 수 있다.

분명한 가치제안을 통한 경험마케팅

무엇을 경험하게 할 것인가? 앞서 살펴본 바와 같이, 경험의 방법이나 경험의 종류는 크게 문제되지 않는다. 공중에 따라 소통을 하다 보면 다양한 분야의 경험을 제시할 수 있을 것이다.

중요한 것은 그 경험이 분명한 가치를 제안하고 있어야 한다는 것이다. 그저 타 기업 사례를 그대로 복습하는 것이나, 너무 막연한 개념으로 경험을 제공하면, 고객은 그 핵심을 잃고 기업을 기억하지 못할 수도 있다.

스타벅스가 제시하는 가치제안은 살아 있는 커피문화, 고객경험의 시작은 맛있는 커피를 제공하여 커피를 즐기는 경험으로 요약될 수 있다. 매장을 커피를 마신다가 아니라 커피를 즐기면 새로운 경험을 할 수 있는 공간이라는 개념으로 접근하여, 매장을 방문할 때마다 기분 좋게 하는 경험을 만들어내는 것이 고객경험관리의 기본내용이다.

판교에 새로운 카페골목이 생겼다. 커피전문점으로 유명한 모든 브랜드들이 많이 들어섰다. 커피의 품질과 브랜드로 승부를 거는 듯 보인다. 이곳에 유기농을 소재로 하는 커피전문점이 있다. 커피는 물론 다양한 음료와 유기농 채소를 이용한 간단한 먹을거리를 제공하는 곳이다. 유기농 자체만으로도 이젠 식상하다. 그래서 이곳에서는 유기농 유리온실을 고객에게 분양한다. 자기 가족의 이름이 적혀 있는 작은 어항 같은 온실에서 상추와 같은 채소가 자라는 것을 직접 확인할 수 있다. 농촌관광과 같은 체험 프로그램이 많아지는 만큼 고객은 직접 참여할 수 있는 경험거리를 찾게 된다. 유기농으로 모든 상품을 제공한다는 분명한 가치제안과 아울러, 고객이 직접 키운 채소로 샐러드를 경험한다는 분명한 메시지가 전달된다. 이러한 작은 배려가 고객들에게 큰 호응을 얻는 것은 당연하다.

'클럽메드(Club–Med)'는 전 세계에 약 80개의 리조트를 운영하는 기업이다. '뭐든지 할 수 있는 자유, 아무것도 안 할 수 있는 자유'를 가치제안으로 내세우고 있으며, 특히 G.O.(Gentle Organizer)로 불리는 직원을 통해 클럽메드의 문화를 경험할 수 있도록 도움을 주고 있다. 휴식의 자유, 즐겁게 놀 수 있는 자유를 경험하도록 하는 경험마케팅을 통해 세계 최대 리조트 기업으로 성장하고 있다.

확실한 가치를 보여주어야 한다.

무엇이든 할 자유, 아무것도 안 할 자유

Club Med

경험의 방법도 종류도 중요하지 않다.
가장 중요한 것은 무엇을 경험하게 할 것인가이다.

오감을 자극하여 경험의 채널을 다각화하라

경험은 오감을 통해 들어오는 정보자극만큼 확실한 것이 없다. 대형 할인마트에서는 쇼핑고객을 위해 시식코너를 만들어 후각과 미각, 시각을 통한 경험을 유도하고 있으며, 크리스피 크림도넛은 '섹스 앤더 시티'라는 드라마를 통한 시각적 자극으로 2004년 겨울에 한국에 론칭하였다.

무엇보다 대표적인 경험 제공은 향수매장에서의 테스터나 샘플이라 할 수 있다. 광고를 통해 상품의 품질을 전달하는 데 어려움이 많기 때문에, 소비자가 직접 만져보고, 향을 느껴볼 수 있는 경험을 제공하여 소비를 자극하는 것이다.

오감을 통해 경험을 자극하는 것은 경험의 채널을 다각화하는 방법이다. 단순히 상품을 진열하고 사용을 경험하는 차원을 넘어서, 고객의 기억에 남는 이미지를 만들 수 있도록 하자는 것이다. 이러한 차원에서 고객과의 접점에 대한 다변화도 생각해야 할 것이다. 매장 방문을 통한 경험뿐만 아니라, 인터넷매체를 통한 수기공모, 카페나 블로그 활용을 통한 간접경험을 제공할 수 있으며, 기업이 소비자를 찾아가는 현장 간담회나 설명회 개최 등도 좋은 다변화 전략이 될 수 있을 것이다.

또는 경험공간을 새롭게 바꾸는 것도 좋은 예가 될 수 있다. 현대자동차는 커피와 차 그리고 예술작품이 공존하는 이색 테마 전시장을 오픈하여 화제가 되었다. 응모 고객들을 대상으로 바리스타 체험 클래스를 개최하고, 다양한 테마 지점을 만들어 전시장을 단순한 판매공간이 아니라, 고객들에게 새로운 경험과 감동을 전할 수 있는 공간으로 만들기 위해 노력하고 있다.

전남 부안군에 위치한 휘목미술관은 원래 폐교된 건물을 새롭게 리모델링하여 미술관으로 단장한 곳이다. 하지만 휘목미술관만의 특징이 있다. 이곳은 미술관이며, 펜션이며, 카페 공간이다. 도심지에서 쉽게 만나는 미술관과는 좀 더 이색적인 경험을 제공한다. 펜션에 숙박하면서 카페에서 진공관으로 울려 퍼지는 음악을 감상하며, 하루 종일 앉아 책을 읽을 수도 있고, 미술관을 산책하는 오감을 만족시키는 여행을 경험한다. 장소를 색다르게 재창조하는 것 역시 경험을 다각화하여 경험을 자극하는 요소가 된다.

경험의 다각화는 감각, 공간뿐만 아니라 시간을 통해서도 자극받을 수 있다. TvN의 인기 드라마 '응답하라 1994', '응답하라 1988'은 시간을 되돌려 우리의 추억이라는 감성에 호소한 좋은 예일 것이다. 이것이 마케팅에 활용되면 '레트로 마케팅(Retro Marketing)'이라 할 수 있다. 맥도날드 '1955버거' 역시 이러한 옛 향수를 자극하여 과거를 경험하는 감성에 호소하는 것이다.

대중가요에서도 과거에 유행했던 음악을 리메이크하여 다시 붐을 일으키게 한다든지, 과거에 유행했던 댄스를 재해석하여 유행시키는 경우가 좋은 예다.

즉 다양한 장소와 시간에서 오감을 만족하는 경험의 전달을 통하여 기업의 이미지를 구축하는 전략이 경험의 코드이다.

재해석을 통한 채널 다각화

레트로에서 뉴트로. 단순한 복고가 아닌, 문화를 재해석.
케렌시아 공간을 개발하여 경험을 제공하는 등 시대를 재해석한다.

직원들의 창의력을 키우는 데 경험만 한 것이 없다

마케팅은 고객의 욕구와 필요를 찾아내어 충족시켜 준다는 개념이다. 당연히 고객의 입장에서 무엇이 필요할 것인가를 고민해야 한다. 하지만 자신이 경험하지 못한 것에 대해 어떤 욕구가 있는지를 찾는 것은 무척이나 어려운 일이다. 극단적인 예로, 행글라이더를 타다 하반신이 마비된 메릴린 해밀턴은 휠체어가 무겁다는 것을 경험하고 행글라이더 소재인 알루미늄을 이용하여 혁신적인 휠체어를 개발하게 된다. 행글라이더의 경험을 휠체어에 접목한 것이다. 1909년 독일 초등학교 교사 리하르트 쉬르만(Richard Schirmann)은 청소년의 편리한 여행을 도모하고자 유스호스텔을 만들었다. 이 역시 교사라는 경험을 통해 청소년과 교감할 수 있었기 때문이다. 월트디즈니의 작품에 녹아 있는 목가적 풍경은 그의 어릴 적 추억에 바탕을 두고 있으며, 미키마우스의 탄생은 그가 궁핍하던 시절 창고에서 우연히 보게 되었던 생쥐를 연상해 내어 창작하게 되었다. 이렇듯 창의력은 어느 날 우연히 떠오르는 것이 아니라, 경험의 축적에 비례하여 생겨나는 것이다.

직장 내에서 직원들이 창의력을 발휘할 수 있는 방법을 모색하고 있는가는 고민할 부분이다. 그저 창의력 있는 인재만을 요구하고, 그의 경험이 바닥나면 퇴출시키는 불안한 길을 가고 있지는 않는지 고민해야 한다. 지속적인 경험이 유지될 수 있도록 다양한 방안을 마련해야 할 것이다. 책상에 앉아서 새로운 것을 창작한다는 것은 무척 어려운 일이다. 어쩜 창의적인 일을 하는 사람들이 일이 해결되지 않을 때, 무작정 밖으로 움직이는 것도 이러한 맥락에서 이해될 수 있다. 사람들이 많이 모인 곳에 가야 사람들이 무엇을 원하는지를 알게 되고, 무엇을 해야 할지 상상해 낼 수 있다. 회사 업무와 상관없이 사람이 많은 카페나 거리를 돌아다니며 관찰할 수 있는 시간을 제공하거나, 회사에서 선정하는 여행지에 가족과 다녀올 수 있도록 배려해 주는 방안도 참고할 만하다.

창의력은 경험에서 나온다.

책상에 앉아 있는다고 답이 나오지 않는다. 경험할 수 있는 시간.
그리고 쉴 수 있는 시간을 줄 때 태양처럼 떠오른다.

경험은 직관을 만든다

"유레카(알아냈다)"

고대 그리스의 학자이자 수학자로 널리 알려진 아르키메데스가 욕조에서 목욕 중에 금속의 순도를 측정할 방법을 찾아내게 되었다. 그리고 그때 벌거벗은 채로 시라쿠스 길거리를 뛰어다니며 외친 말이었다.

즉, 그의 이성적 판단과 연구에 의한 결과가 아닌 우연한 기회에 얻은 경험적 직관에 의해 발견한 것이다.

직관은 사물이나 사태를 순간적으로 지각하는 것을 말하며, 사상을 순간적으로 직감하는 것을 의미한다(네이버 지식백과). 하지만 계몽주의 시대 이후 사람들은 이성적인 사고를 직관보다 더욱 중요하게 여겼으며, 이에 따라 직관에 따른 판단과 결정을 좋지 않은 시각으로 바라보았다. 하지만 이성적 판단만이 가치가 있는 것일까?

윌리엄 더건(Willam Duggan)의 제7의 감각은 전략적 직관을 의미하는 것으로, 소방관, 군인, 응급실 간호사 등 수많은 직업에 종사하는 사람들의 연구를 통해 직관적인 의사결정을 통해 임무를 완수하고 있음을 제시하였다. 프레데리케 파브리티우스와 한스 하게만은 『뇌를 읽다』에서 이에 대한 가장 좋은 사례를 제시하고 있다.

대원들을 이끌고 주택 내부에 진입한 소방대장은 무언가 이상하다는 사실을 직감하였다. 화재가 주방에서 시작되었다고 하기엔 거실이 너무 뜨거웠다. 보통 화재 발생 시 나타나는 소음이 없고, 집안은 너무 조용했다. 불길한 느낌에 소방대장은 대원들을 즉시 철수시켰고, 몇 초 후 주택 거실 바닥 전체가 무너졌다. 소방대장은 이것을 초감각적 지각력이라고 굳게 확신했다. 하지만 이것은 강력한 무의식이며 이것을 직관적 결정이라 부를 수 있다.

하지만 직관에 대해 우리는 조심해야 할 부분이 있다. 확실히 직관은 고정관념으로부터 자신이 믿는 방향성을 의미하는 것이 아니다. 동전 던지기로 판단을 미루는 것이 아니라, 오래된 경험의 축적을 통해 발현될 수 있는 직관적 의사결정으로서 가치가 있는 것이다.

고객만족을 위한 서비스 프로세스의 분류에서 보면 호텔, 항공사, 운송업, 리조트 등의 산업은 노동집약도(서비스 전달에 필요한 장치나 설비 등 자본에 대한 의존도와 사람에 의존하는 정도인 노동에 대한 의존도의 상대적 비율)는 낮고, 고객과의 상호작용(고객이 서비스 프로세스와 상호작용하는 정도)과 개별화(서비스가 고객에 의해 개별화되는 정도)가 낮은 서비스 팩토리로 분류하고 있다. 즉, 정형화되고 고착화된 서비스를 그저 매뉴얼대로 제공하는 것으로 인식되고 있는 것이다.

현대사회를 4차 산업혁명이 이루어지는 과정으로 인식하고 있다. 정형화된 서비스 제공이라면 분명 AI(인공지능)에 의해 이러한 서비스 팩토리 산업은 너무 쉽게 소멸될지도 모른다. 고객과의 대면을 통해 서비스를 제공하는 산업은 단순히 매뉴얼에 의해 제공될 수 없다는 사실을 간과한 분류방식이다. 같은 대화에도 수없이 많은 의미가 숨겨져 있으며, 인공지능이 발달해도 인간 내면의 감성을 모두 파악하여 적절한 대처를 할 수 있다고는 장담할 수 없다. 인간의 표정을 읽어 내면의 숨겨진 감정을 확인하고 이에 적절한 응대를 할 수 있다고는 더더욱 확신을 갖기 힘들 수밖에 없다. 또한 대화에 있어서 고객의 감정상태만 중요한 것이 아니며, 이를 응대하는 서비스 직원의 말의 높낮이, 길이, 표정 및 눈빛 등 다양한 경로를 통해 감각적으로 전달되는 부분도 간과되어서는 안 되기 때문이다.

서비스 직원에게 중요한 매뉴얼은 회사의 방침일 뿐이며, 고객이 그 매뉴얼대로 행동해야 할 이유는 없다. 진정 서비스에서 중요한 것은 숙련된 직원으로부터 경험의 축적에 의해 내면으로부터 출발한 통찰력이 바탕이 된 직감적인 응대가 중요한 것이다.

다양한 경험을 갖춘 인재가 서비스 기업의 중심이 되어야 한다. 또한 이러한 인재는 기업이 제공하는 다양한 경험은 물론, 개별적인 노력이 축적되어야 한다.

경험은 직관을 제공한다.

동전 던지기는 직관이 아니다.
오랜 시간 축적된 경험이 직관을 만들어낸다.
기업이 제공하는 경험과 개별적 노력이 모두 필요한 이유이다.

사회적 책임의 코드

기업만이 사회적 문제를 해결할 자원을 갖고 있다

우리는 수십 년간 아니, 어쩌면 인류의 생존과 동시에 수많은 문제를 안고 살아가고 있다. 부족한 식량, 가뭄, 영양 부족, 용수 공급, 기후변화, 공해, 질병 등 매우 크고 심각한 문제들이 산재해 있다. 우리는 이 문제점들을 매우 잘 알고 있으며, 그에 따른 해결책을 마련하고자 부단히 노력하고 있다. 이것은 사회적인 문제이고 그렇기 때문에 정부기관이나 비정부조직인 사회단체 등의 자선활동으로 진행되어야 한다고 생각한다. 마이클 포터는 이 문제가 규모의 문제(Scale)라고 말한다. 심각한 사회문제의 규모에 비해 상대적으로 이를 해결하기 위한 자원의 부족을 문제 삼는다. 즉, 자금의 문제라는 것이다. 정부나 비정부기관은 이러한 세계적인 사회문제를 해결하기 위한 조세도 자선기부도 너무 부족하여 자원이 부족하다는 것이다. 이러한 자원은 이윤을 남길 때 부가 창조되는 것이며, 이러한 이윤은 기업에서만 창출할 수 있다는 것이다. 다른 기관들은 기업이 창출해 낸 이윤을 토대로 세금과 자선기부의 자원을 통해 다른 중요한 일을 할 수 있다는 것이다. 그렇기 때문에 사회적 문제에 기업이 관여될 수밖에 없는 구조다.

보통 기업은 공해와 같이 사회적인 문제를 발생시킴으로써 이윤을 창출해 왔다. 공해를 만드는 것이 줄이는 것보다 더 많은 이윤을 창출할 수 있다고 생각한다. 사회적 문제를 해결하는 데에는 많은 비용이 발생하기 때문에 기업들은 그렇게 하고 싶지 않아 한다. 하지만 기업들은 다양한 문제들을 통해 이러한 사회적 문제를 해결하는 것이 그 반대의 경우보다 이윤을 더 창출해 낸다는 것을 배우게 되었다. 안전한 작업환경을 만드는 것이, 공해를 줄이는 것이 직원들의 건강을 만들고, 결근율을 낮추고 생산성을 높이는 것임을 알게 되었다.

마이클 포터는 이러한 사회적 문제에 대해 기업과 비정부조직과의 연계를 강조한다. 그가 강조하는 공동가치(Shared Value)는 사회적 가치와 경제적 가치를 동시에 만족시킬 때 발생하는 것으로, 사회적 문제를 해결하기 위한 접근이 또 하나의 새로운 이윤 창출의 기회가 될 것이라는 것이다. 기업이 사회적 문제에 대해 지원하는 것은 별도의 과정이라는 관습적인 시각을 바꿔야 한다. 기업이 홀로 하는 것보다 비정부기관이나 정부기관과 협력하는 것이 더 효과적이라는 것을 깨달아야 한다는 것이다.

사회적 책임은 세상과 소통하는 것이다

사회적 책임이 왜 고객만족의 코드가 되는가에 대한 의문을 가질 수 있다. 기업이 봉사활동을 한다고 해서 고객이 바로 그 기업의 제품이나 상품을 선호해 줄 것인가에 대한 의문도 생긴다.

반대로 생각해 보면 쉽게 이해된다. 만약 주변지역 시민들의 건강을 생각하지 않고 불법으로 폐기물을 처리하는 제조공장이 있다고 했을 경우 이러한 기업에서 생산되는 제품을 살 것인가? 아마도 대체재나 보완재가 없는 경우를 제외한다면 구매력은 현저히 떨어지게 될 것이다.

과거의 기업들은 이윤창출에만 초점을 두었다. 하지만 현재 기업들은 이윤 창출을 넘어 사회를 구성하는 한 일원으로서 사회적 책임이 요구되고 있다. 기업이 경제적 책임이나 법적 책임 외에도 기업 경영방침의 윤리적 적정성, 생산과정에서 발생될 수 있는 환경파괴, 비윤리적 행위, 국가 및 지역사회에 대한 공헌에 대한 책임이 요구되고 있다.

기업이 사회에 미치는 영향력이 증대되는 만큼, 소비자들이 느끼는 기업의 사회적 책임에 대한 기대치는 높아지고 있다. 시대의 흐름은 성과가 좋은 기업을 넘어 사랑받는 기업으로 나아가고 있다.

이러한 의미에서, 기업의 사회적 책임의 코드는 기업에 대한 호의를 증대시키고, 나아가 기업도 사회의 일원으로서 소비자와 동일한 시간대를 살아가고 있다는 친근감을 통해 세상과 소통한다는 관점에서 고객만족의 요소로 자리 잡아야 한다.

기업의 사회공헌활동이라 하면 너무 거창하게 생각하는 경우가 많다. 또한 사회공헌 대상의 대부분이 장학사업, 봉사지원, 불우이웃돕기 등으로 폭이 좁혀져 있다. 고객만족 코드로서의 사회적 책임은 보다 현실적이고 그래서 작은 행동으로 실천할 수 있는 범위에서 시작한다.

남에게 작은 감동을 주는 봉사가 자기에게 돌아온다

예나 지금이나 아버지의 존재는 항상 엄하고 어렵다. 주변에도 남편과 아버지의 역할은 집에서 경제적으로 걱정하지 않도록 돈만 벌어주면 된다고 믿는 사람도 흔히 보인다. 그래서 나이 들어 스스로 외로워진다. 요즘 아버지들은 많이 변하고 있다. 주말이면 가족과 여행 가서 요리솜씨를 뽐내기도 하고, 밀린 집안일을 돕고 아이들과 함께 공을 차고 놀아주는 젊은 아버지들을 쉽게 발견한다. 슈퍼맨이다.

회사에서 샐러리맨이 일을 잘하는 것은 기본이다. 하지만 업무만 잘한다고 승진할 수 있을까? 일에만 전념하여 지친 직원과 일은 물론이고 항상 밝은 모습으로 건강한 사회생활을 하는 직원 중 누가 승진할 것인가?

기업도 일을 잘해야 하는 것은 기본이다. 하지만 일만 잘하면 경영이 다 잘 되는 것일까? 사업만 잘 운영하는 것이 아니라 사회와도 소통을 잘 하고 밝은 이미지를 갖는 것이 기업이 더 발전할 수 있는 것은 아닐까?

집에서 아버지가 행복하게 지내는 방법은 어렵지 않다. 아주 조그마한 노력으로도 가족은 즐거워하기 때문이다. 내가 아는 사람은 매주 일요일 아이들과 함께 목욕을 간다고 한다. 목욕 후 집에서 삼겹살 파티를 하며 한 주간 있었던 일들을 서로 대화한다고 한다. 이때 들어만 주지 거기에 대해 지적을 하지 않는다는 것이다.

기업도 마찬가지이다. 사회와 소통한다는 것이 경제적 비용이 과다 지출되고, 사회적으로 이슈가 되는 홍보로써의 이벤트 봉사가 아니라, 작은 실천으로 만들어가는 소통의 방법을 찾아야 할 것이다. 강남의 엘루이 호텔은 매달 1일이 되면 전 직원이 나와 주변을 청소한다. 호텔은 평상시에도 주변 청소가 잘되어 있지만, 이러한 작은 실천을 통해 주변과 소통하는 모습을 보여준다. 서울의 한 병원에서는 1사 1촌을 맺은 농촌마을 축제 때 의료단을 자원봉사로 보내 지역민과 어울릴 수 있는 방법으로 접근했다. 큰 비용을 들이지 않고 공중에게 작은 감동을 주는 봉사의 방법을 강구해야 한다.

거창할 필요없다.

그저 작게 시작하는 것 모두가 사회엔 득이 된다.

편하게 시작하자.

사회적 이슈에 적극적으로 동참한다

금호타이어는 1960년 '삼양타이야공업'에서 시작되었다. 설립 당시에는 하루 20개 생산에 그쳤지만, 2014년 현재 해외 8개 판매법인과 18개 지사 및 사무소를 운영하고 180여 개국에 수출하는 글로벌 기업이 되었다. 금호타이어의 사회적 책임은 바로 생산되는 타이어 자체에 대한 혁신에 있다. 요즘 가장 이슈가 되고 있는 환경문제에 대한 책임을 완수하기 위해 2012년 친환경 타이어 '에코윙 S'를 개발하였다. 친환경 타이어 개발을 위해 저연비, 저소음, 저마모의 3대 철학을 바탕으로 연비와 내구성, 수명을 향상시킨 친환경 공정의 제품 생산과 폐기물 처리과정으로 연결되는 환경경영을 실천하였다.

이러한 환경이슈에 대응한 대표적인 기업은 BP(British Petroleum)이다. BP는 기업사명을 석유회사에서 에너지회사로 변경하고 Beyond Petroleum(석유를 넘어서는)의 이미지로 인식될 수 있도록 총체적인 노력을 기울였다. 유전 개발이 환경에 미치는 부정적인 영향을 인정하고, 환경개선을 위한 노력을 계속하고 있다.

정치나 경제 전반에 걸쳐 공정성에 대한 문제가 사회적 이슈로 계속되고 있다. 또한 건강한 먹거리를 찾는 소비자가 늘고 있으며, 독신, 노인문제, 여성 및 아동 성범죄 문제 등 다양한 사회적 이슈가 산재해 있다. 기업의 사회적 공헌활동은 바로 이러한 사회적 이슈에 대한 관심에서부터 시작될 수 있을 것이다.

사회 이슈를 확인하라.

기업은 사회 일원이다. 지금 사회가 무엇을 바라는지 알아내자.

기업이 잘하는 것으로 사회에 공헌하자

사회적 공헌에 욕심을 내지 말아야 한다. 이것은 억지로 활동하지 말자는 것이다. 무조건적인 비용의 지출이 사회적 공헌은 아니기 때문이다.

그 대신 기업이 가장 잘하는 것이 무엇인지를 생각해야 한다. 그리고 잘하는 것을 누구에게 어떻게 전달할 것인가를 고민해야 한다.

대교는 국내 교육서비스 업계의 선두주자로 '가르치면서 배우고, 배우면서 가르친다.'는 경영철학으로 눈높이교육, 눈높이사랑을 실천하고 있는 기업이다. 대교가 잘하는 것은 교육이다. 그래서 대교는 교육을 통한 사회적 공헌활동을 한다. 교육을 매개로 한 프로보노(Pro Bono) 프로그램으로 다문화가정, 저소득층 자녀 등 교육기회가 적은 아이들을 위해 무료 교육서비스를 제공하고 있다.

뉴스를 통해 자주 접하게 되는 안 좋은 소식 중 먹거리 위생불량에 대한 이슈가 있다. 불량만두파동, 햄버거 패티 등 그 범위도 매우 다양하다. 빙그레는 전 직원을 동원하여 협력업체에 대한 점검을 통해 아이스크림을 비롯한 유가공제품에 대해 품질안전점검(HACCP)을 받았다. 고객에게 안전한 먹거리 제공을 위해 생산설비마다 기계 이력과 함께 담당자 이름과 사진을 게시하였으며, 고가장비를 생산부문 전 라인에

도입해 유해물질 개입 가능성을 원천 봉쇄하고 정해진 기준을 3번 위반 시 협력업체와의 거래를 중단하는 단호한 결정을 내렸다.

프로스포츠단에서 시즌이 끝나면 어린이 야구교실, 청소년 축구교실, ○○스포츠단과 팬과의 만남, 스포츠단과 지역사회와의 연계활동 등 다양한 측면에서 재능기부 및 활동 등을 전개하는 것도 기업의 사회적 공헌활동의 예이다. 최근에는 스포츠단뿐만 아니라 프로스포츠 선수 개인이 이러한 활동을 전개하면서 선수의 이미지를 강화하는 것을 볼 수 있다.

사회적 공헌은 아주 쉽게 적용할 수 있다. 기업의 주력사업분야에 대한 사회적 이슈를 발견하고, 이슈에 대해 적극적이고 진지한 자세로 소통하며, 그것을 개선하기 위한 방법을 실천하는 것으로도 좋은 결과를 얻을 수 있다. 자신이 잘할 수 있는 범위에서 사회적 필요를 이해하고 작은 실천에서 고객과 소통할 수 있으며 이러한 소통은 궁극적으로 고객만족과 연계될 수 있는 것이다.

고객만족경영을
위한

6

POWER

6

작은 실천이 6POWER를 만든다

여섯 번째 코드

6POWER는 고객공중코드, 기회의 코드, 위트의 코드, 경험의 코드 그리고 사회적 책임의 코드로 분류했다. 여섯 번째 코드는 무엇일까?

6POWER는 새로운 개념이 아니다. 다만, 고객만족의 경영을 위해 기업이든 자영업자이든 고객을 통해 수익을 창출하고자 하는 모든 분야에서 기억하기 쉽고, 적용하기 쉽도록 만든 분류이다. 다시 말해, 실천을 중시하는 개념으로 접근한 것이다.

실천은 행동을 의미이며, 행동은 그 조직의 문화에서 시작된다. 바로 이것이 여섯 번째 코드인 '6'이 된다.

고객만족을 위한 최고의 실천적 조직문화가 바로 6이라는 숫자이다. 실천하지 않는 계획은 의미가 없다. 기업문화가 바탕이 되지 않는 이벤트성 고객만족은 감흥 없는 파티로 끝나버린다. 기업문화가 바탕이 된, 고객만족의 실행을 위한 코드가 바로 여섯 번째 코드가 된다.

고객만족의 기업문화와 실천을 위한 작은 한 걸음의 방안을 제시해 보고자 한다.

생각이 운명을 바꾼다?

『탈무드』에 보면 "생각이 말이 되고, 말이 행동이 되며, 행동은 습관이 되고, 습관은 인격이 되고, 인격은 운명이 된다"고 하여, 생각이라는 마음가짐을 중요시하고 있다.

역으로 행동이 바뀌면 생각이 변하지는 않을까? 나의 습관을 버리면 생각이 변하지 않을까?

가능하다. 모든 학생들은 공부 잘하기를 원한다. 생각만 한다. 1등이 목표라고 말로 장담한다. 행동은 되지 않는다. 반대로, 우선 계획을 세우고 매일 정해진 규칙대로 움직여본다면 어떨까. 그것이 꼭 공부를 목적으로 하는 것이 아니더라도, 일단 계획에 따른 습관을 만들어보는 것이다. 규칙적인 행동을 하면, 생각이 바르게 정리된다.

남자들은 군대에 간다. 제대 후에는 예비군 훈련을 받는다. 평소 얌전하던 사람도 예비군 훈련으로 군복을 입게 되면 전혀 다른 사람으로 변한다. 애인과 헤어지고 남자들은 술을 먹는다. 다시는 전화하지 않겠다면서 술 마시고 나면 생각이 바뀐다. 이것은 행동이 습관으로 만들어진 반작용 현상으로 볼 수 있다. 이해되지 않는 것은 계속 생각해도 이해되지 않는 경우가 있다. 일단 행동으로 외우고 나면, 저절로 이해되기도 한다.

다시 말해, 행동이 생각을 바꾸게 할 수도 있다는 것이다. 우리는 충분히 행동 습관의 변화로도 생각을 바꿀 수 있고, 따라서 운명을 바꿀 수도 있다.

고객만족경영을 생각하지 말고, 일단 행동으로 옮기자, 그러한 행동이 고객만족을 위한 생각을 변하게 하고, 기업의 운명을 바꿀 것이다.

행동을 고치면 생각이 바뀐다.

행동이 생각을 바꿀 수도 있다.
우리는 행동 습관의 변화로도 충분히 생각을 바꿀 수 있다.
따라서 운명을 바꿀 수도 있다.

FBI(Face-Breath-Image)는 행동을 변화시킨다

서비스 교육을 받으면, 주로 메이크업이나 걸음걸이, 인사법, 공수법 등 다양한 매너를 배우게 된다. 물론 서비스 업종에 근무하는 직원에게는 기본적인 연습이 필요하지만 너무 복잡하다.

호텔에 근무하는 것도 아니고, 승무원도 아닌데 이렇게까지 해야 하는지 답답할 수 있다. 그래서 간단한 연습으로 나의 행동을 변화시키는 작은 실천의 방법을 제시한다.

서비스는 마음의 전달이다. 즐거움을 공중과 나누는 과정이다. 고객을 만났을 때뿐만 아니라, 거래처 사람을 만났을 때, 직원을 대할 때, 기자나 주민과 마주칠 때, 공무를 볼 때, 우린 항상 공중과 마주한다. 내 마음이 즐거워야 밝은 표정이 나온다. 내가 즐겁기 위한 행동을 배우면 모두가 즐거워진다.

'F'는 얼굴(Face)이다. 밝은 표정을 만드는 운동을 한다. 복잡하게 하지 말고 눈, 코, 입 세 부분이면 충분하다. 먼저 양쪽 눈썹에 양손 검지와 중지 두 손가락을 댄다. 위 아래로 올렸다 내리는 행동을 몇 차례 반복한다. 그리고 나서 눈을 좌우상하로 움직이고, 왼쪽에서 오른쪽으로 또 오른쪽에서 왼쪽으로 반복해서 원을 그리듯 돌린다. 매일 아침 거울을 보며 연습하면 된다.

'B'는 호흡(Breath)이다. 복식호흡을 의미한다. 우선 바른 자세로 앉아 있기 힘들면 누워서 한다. 누우면 자세가 편하게 잡힌다. 그리고 코로 숨을 배 아래까지 들어오도록 깊이 들이마신다. 배 아래까지 들어오면 잠시 멈춘 후 천천히 입으로 내뱉는다. 이때 휘파람을 불듯 입모양을 만들어 천천히 숨을 빼도록 한다. 이러한 복식호흡은 긴장과 스트레스를 풀어주어 마음을 평온하게 만들어준다. 마음의 평온은 상대에게도 전달된다.

'I'는 이미지(Image) 관리이다. 이미지 관리는 인사가 가장 핵심이 된다. 많은 사람들이 인사를 할 때, 쑥스러워한다. 나를 알릴 수 있는 가장 좋은 기회가 인사할 때인데, 이를 부끄러워한다. 인사의 방법을 정확하게 숙지할 필요는 없다. 다만, '상대를 보고한다.', '밝은 목소리로 자신있게 인사한다.', '내가 먼저 한다.'로만 생각하면 충분하다.

FBI를 통한 행동 변화

얼굴운동으로 밝은 표정을!
복식호흡으로 평온한 마음을!
밝은 인사로 이미지를 개선하라.

고객만족 POWER회의로 분위기를 바꾸자

회사에 출근해서 퇴근할 때까지 얼마나 많은 회의가 있는지 생각해 보자. 그리고 그 회의에 참석해서 얻은 결과가 무엇이었는지, 또 효과가 있었는지도 고민해 보자.

대부분의 회의는 결과보고, 일정보고, 업무지시로 이루어지는 경우가 많을 것이다. 회의 때문에 미뤄지는 업무의 양도 너무 많다. 대부분의 직원은 회의에 관심이 없다. 또한 회의는 목적이 분명하지 않은 경우도 많다. 회의를 특정한 의도대로 이끌어가는 경우도 많으며, 회의 결과에 대한 책임소재도 불분명하게 된다. 이 때문에 회의에 대한 부정적 시각으로 '주관자가 할 일이 없어 일하는 척하기 위해', '책임회피의 방법으로', '자신의 지위를 내세우기 위해' 등 정작 일이 많은 직원들에게는 달갑지 않은 제도로 인식될 수 있다.

회의가 비효율적으로 진행되는 데에는 다카하시 마고토의『성공한 기업회의는 이렇게 다르다』에서 정리한 바와 같이 10가지로 나누어 생각할 수 있다. 즉, 장시간 회의, 결론이 나지 않는 회의, 의제가 모호한 회의, 우선 열고 보는 회의, 강압적인 회의, 발언자가 적은 회의, 독재형 회의, 잡담이 많은 회의, 중도 이탈자나 불참자가 많은 회의, 결론이 좀처럼 반영되지 않는 회의가 비효율적인 회의 전형의 10가지이다. 혹

지금 내가 하고 있는 회의가 여기에 해당하지 않는지 생각해 볼 때다.

회의방법에 대한 논의나 방법론은 어디서나 쉽게 찾아볼 수 있는 소재이다.

고객만족을 위한 POWER회의는 좀 색다른 방법으로 진행해 보자. POWER회의는 직원 상호 간의 지식교류와 정보전달, 동참을 위한 고객만족의 조직문화 확립을 위한 소통의 채널로 활용하자는 것이다.

여기에는 3가지 원칙만이 필요하다.

첫째, 업무지시가 아닌 공유의 회의로 진행한다. 일반적인 회의는 안건에 대한 결과를 각 구성원에게 업무를 지시하는 것으로 끝이 난다. 어느 한 사람의 일로 귀결되는 경우가 많다. 고객만족은 전사적으로 진행되어야 하는 만큼, 회의 결과도 모두 공유하고 모두 실행되어야 하기 때문에, 업무지시란 있을 수 없다. 서로 공감한 내용을 토대로 각자 스스로 통제하고 실천할 수 있도록 격려하는 회의가 되어야 한다.

둘째, 회의는 정기적이고 전사적으로 진행한다. 각 부서별 일주일에 한 번 오전이 아니라 모두가 업무를 마감하는 시간대를 활용하여, 편안하게 회의를 진행한다. 회의 후 회식으로 이어지는 것도 좋다.

셋째, 내용은 위트 사례, 경험담, 사회적 이슈 등으로 6POWER의 내용과 연계되는 내용을 교환하는 것이다. 상호 간의 경험과 지식이 공유될 수 있다면, 실천으로 옮기는 것은 이미 완성된 것이다. 가급적 이러한 공유 지식은 내용으로 정리하여, 사보의 소재로도 활용될 수 있도록 하여 전사적으로 공유될 수 있도록 한다.

6POWER회의로 고객만족을

업무지시가 아닌 공유 회의

정기적이고 전사적으로 진행

위트, 경험, 사회적 이슈를 교환

POWER노트는 곧 고객만족의 버킷리스트

로브 라이너 감독, 잭 니콜슨과 모건 프리먼이 출연한 영화 '버킷리스트(Bucket List)'에서 우연히 같은 병실을 쓰게 된 두 남자는 서로 다른 인생을 살아왔지만, 중요한 공통점을 발견하게 된다. 그리고 그들은 얼마 남지 않은 시간 동안 하고 싶었던 일들을 버킷리스트에 적고 병원을 나가 여행길에 오른다. 버킷리스트는 죽기 전에 꼭 하고 싶은 일들을 적은 목록을 말한다. 중세시대 교수형을 집행할 때 목에 줄을 맨 후 밟고 있던 양동이(Bucket)를 걷어차 목을 맸는데, 이것이 'Kick the bucket'으로 버킷리스트의 유래가 되었다.

POWER노트가 죽음의 의미인 버킷리스트와 연계되는 것이 좀 섬뜩하게 느껴질지 모르나, 현대에서 버킷리스트는 목표를 달성하기 위해, 또 게으름을 막고 계획적으로 올 한 해의 소원을 완수해 내기 위한 방법으로 활용되는 측면에서 접근되고 있다.

POWER노트는 조그마한 수첩으로 준비한다. 항상 소지할 수 있는 크기가 좋다. 가방에서 꺼내는 것이 아니라, 주머니에서 바로 꺼내어 적을 수 있는 준비가 되어야 한다.

책을 읽거나, 영화를 보거나, 지나가다 우연히 마주친 순간 등 아이디어가 생각나면 바로 적는다. 다만, 첫 페이지에는 올해의 긍정목표 10가지를 적고, 노트는 세 개의 파트로 구분하여, '자료', '변하고 싶은 핵심요소', '아이디어제안'으로 나눈다.

자료에는 좋은 말, 고객에 관한 정보, 내 긍정목표와 관련된 많은 자료들을 적는다. 특별히 날짜를 구별할 필요는 없다. 변하고 싶은 핵심요소는 업무나 자신의 생활을 뒤돌아볼 수 있는 것으로, 실수나 실패의 원인 중 가장 핵심적인 이유가 무엇인지를 생각해서 간략하게 적는 공간이다. 고객과의 대화에서 실수한 부분, 상사 또는 동료와의 관계에 있어 내가 변하고 싶은 핵심요소를 찾는 것이다. 마지막엔 아이디어를 제안하는 것으로, 좋은 자료와 핵심요소를 통해 자기 스스로 어떻게 변해야 할 것인가를 적는 것이다.

첫 페이지의 긍정목표는 올 한 해의 비전이 되는 것이며, 내용은 버킷리스트와 같다. 자료, 핵심요소 분석, 아이디어는 그 비전을 수행하기 위한 실행이 될 것이다. 이러한 실행과정을 통해 스스로 세운 긍정목표를 달성해 갈 수 있을 것이다.

POWER노트는 개인적인 발전을 위한 것이다. 하지만 이 노트의 활용으로 버킷리스트는 실현될 것이며, 개인적인 발전은 고객에게도 좋은 영향을 미칠 것이다. 또한 POWER회의 시 서로 소통할 수 있도록 하는 훌륭한 자료가 될 수 있을 것이다.

고객만족 버킷리스트 'POWER노트'

작은 수첩으로 준비
날짜 등 형식에 얽매이지 않는다.
그저 우연히 마주친 직관을 적는다.

'식영관광'으로 마음을 다스린다

요즘 강연의 열기가 뜨겁다. TV에서도 명사들을 초청해 강연을 한다. 강사들은 저마다 강의의 특징을 갖고 있다. 꼬집고 비판하고 반성을 촉구하는 강사들이 있으며, 위로하고 위안을 주며, 칭찬을 아끼지 않는 강연도 있다.

현대인들은 칭찬에 목마르다. 일상에서 지친 몸과 마음을 어디에선가 위로받고 싶어 한다. 지금 난 열심히 잘살고 있다고 위안받고 싶다. 자꾸 자기를 채찍질해서 남들보다 빠르게, 좀 더 높은 곳에 이르는 것보다, 조금 늦으면 어떠한가, 조급하지 않게 자신의 행복을 느끼며 살아가는 삶도 의미 있지 않을까? 공자의 출세에 대한 목마름보다, 장자의 여유 있고, 유유한 사고가 더 매력적으로 와닿는 것은 생활이 아니라 자신의 인생을 살아가고 싶다는 의미일 것이다.

어쩌면 우리가 기업을 경영하고, 직장에서 일하는 것 역시 궁극적으로는 인생을 꾸려가기 위한 것이지, 현재의 생활을 위해서만은 아닐 것이다. 일을 일로 받아들이지 않고 자신의 인생과정으로 받아들이는 것이 더욱 효율적인 성과를 얻게 될 것이다. 그러기 위해서는 조급함을 버려야 한다. 미친 듯이 달리면 달릴수록 자신은 더욱 허무해지고 무기력해진다. 가끔은 자신을 칭찬하고 자연을 바라봐야 한다.

"이상적인 삶이라는 것은 근심의 근원인 자기의 육체, 정신을 버리고 '허정(虛靜)', '염담(恬淡)'의 심경에 도달하여 자연의 법칙에 따르고 어떠한 것에도 침해받지 않는 자유와 독립을 얻어 세계의 밖에서 초연하게 노니는 것이다." 장자의 사상이다.

어떤 사람이 자기 그림자가 두렵고 자기 발자국이 싫어 달아나려 했다. 발을 빨리 움직일수록 발자국 또한 더욱 빨라졌고, 아무리 빨리 뛰어도 그 그림자는 그의 몸에서 떼어낼 수 없었다. 그래도 그 자신은 아직도 느리게 뛰기 때문이라 생각하고, 쉬지 않고 질주하다 결국 지쳐 죽고 말았다. 그늘에서 쉬면 그림자가 사라지고 고요히 있으면 발자국이 생기지 않는다는 것을 알지 못했다.

> 人有畏影惡迹而去之走者. 擧足愈數, 而迹愈多.
> 走愈疾, 而影不離身. 自以爲尙遲, 疾走不休,
> 絕力而死. 不知處陰以休影, 處靜以息迹
>
> 『莊子』, 「漁夫」

이것이 식영(息影)이다. 그림자는 욕심이다. 욕심을 내려놓지 않으면 결국 파멸을 자초하게 된다. 현대인은 스트레스와 조급함 그리고 욕심에 얽매여 살고 있다. 이것이 현대를 살아가는 사람들이 버리기 힘든 현실일지 모른다. 하지만 가끔씩 모든 것을 내려놓아 보는 것은 어떨까?

감정노동은 마음의 상처에서 비롯된다. 마음의 상처는 치유되어야 한다. 그래서 관광을 하고, 여행을 떠난다. 하지만 무엇을 해야 하는

지 모른다. 어느 정도의 일탈행위를 통해서도, 스포츠 참여를 통해서도 해소되지 않는 답답함이 남을 수 있다.

내려놓는 관광(식영관광)이 필요하다. 모든 것을 내려놓고 평온함에서 다시 일상으로 돌아온다면 고객만족에 대한 감성 역시 자연스레 풀리게 될 것이다.

"대안관광으로서 식영관광의 개념에 대한 이론적 고찰"(김원 · 이병관, 2017)에서 '식영관광'은 "문화예술과 휴식, 자발적 참여의 레크리에이션을 통해 풍류를 즐기고 자연 속에서 내려놓음을 통해 자아를 실현하는 관광"이라고 하였다. 반드시 무엇을 해야 한다는 사고에서 벗어나 자연과 동화되는 과정, 자신의 일상에서 온전히 벗어나, 자신만의 고요함을 즐기는 과정, 무엇인가에 얽매여 있던 욕심을 버리고 자아를 실현하는 과정이며, 이 모든 과정을 통하여 조급함을 놓아버리는 과정이 '식영관광'이다.

식영관광은 언제 어디서나 가능하다. 조용한 북카페에서 종일 음악을 듣거나, 책을 읽는 것, 공원에 있는 나무그늘에 누워 쉬는 것, 허브욕을 하거나 명상을 통해서, 미술관 정원을 거닐거나, 산에 올라 밤하늘의 별을 헤아리는 것 등을 통해서도 가능하다. 다만, 자연 속에서의 휴식과 풍류가 어우러지면 된다.

직원에게 식영관광의 시간을 제공할 것을 제안한다. 가능하다면,

유급휴가로 지급하는 것이 좋다. 기업에서는 적당한 식영관광지를 추천하고, 그곳을 방문하게 유도하거나, 자유롭게 참여를 선택할 수 있는 프로그램을 만드는 것도 좋다. 프로그램은 명상, 휴식, 산책, 레크리에이션 그리고 풍류를 즐길 수 있는 문예프로그램이나 음악을 즐길 수 있도록 준비한다.

고객만족은 일이 아니라, 동시대를 살아가는 모든 이와 어우러진 삶의 모습이며, 이를 통해 자신의 만족과 행복 그리고 삶의 의미를 찾는 과정이다. 그렇기 때문에 사람과 사람 사이의 마음이 소통될 때 고객만족이 찾아온다.

고객만족은 강요되는 것이 아니라, 직무에 대한 만족, 조직에 대한 만족에서 시작된다. 이는 조직에 대한 문화로 정착되어 자발적인 움직임으로 나타나야 할 것이다. 고객만족을 위해 직원들이 숨을 쉴 수 있게 만들어주는 회사차원의 배려가 더욱 필요하다.

식영관광을 통해 마음을 다스린다.

식영관광은 언제 어디서나 가능하다. 조용한 북카페에서 종일 음악을 듣거나, 책을 읽는 것, 공원에 있는 나무그늘에 누워 쉬는 것, 허브욕을 하거나 명상을 통해서, 미술관 정원을 거닐거나, 산에 올라 밤하늘의 별을 헤아리는 것 등을 통해서도 가능하다. 다만, 자연 속에서의 휴식과 풍류가 어우러지면 된다.

참고 문헌

김민주(2006), 마케팅 상상력, 리더스북

김원 · 이병관(2017), 대안관광으로서 식영관광의 개념에 대한 이론적 고찰, 관광레저학회, 제29권 제6호, pp.103-117

김찬석(2007), 사례로 본 PR경영, 커뮤니케이션북스

박준용(2008), 전략경영, 청람

서기만(2005), 쉽게알자 전략경영, 더난출판

안종배(2006), 나비효과 블루오션 마케팅 100, 미래의창

우용표(2012), 신입사원 상식사전, 길벗

윤지환(2007), 관광산업 전략경영 강의노트

이상민(2012), 고객만족경영 실전바이블, 알에이치코리아

이인경 · 신정화(2011), 서비스이미지마케팅, 백산출판사

전옥표(2010), 킹핀, 위즈덤하우스

조계현(2006), PR실전론, 커뮤니케이션북스

최정환 · 송근택 · 황혜정(2008), 겉도는 고객만족경영을 위한 CRM, 다산출판사

EBS 지식프라임(2010), 지식프라임, 밀리언하우스

Jeffrey J. Fox(정준희 역, 2004), 마케팅 슈퍼스타, 더난출판

Peter F. Drucker(이재규 역, 2007), 프로페셔널의 조건, 청림

Robert B. Cialdini(이현우 역, 2004), 설득의 심리학, 21세기북스

저/자/소/개

김 원

가천대학교 일반대학원 관광경영학과(경영학박사)
그랜드힐튼호텔 판촉부
라마다서울 호텔 그랜드 오픈
노보텔앰배서더강남, 소피텔앰배서더 호텔 판촉부
(재)한국종합경제연구원 책임연구원
(주)누리넷 부설 지역계획연구소 수석연구원
(재)고려전문학교 관광경영전공 전임교수
현) 동원대학교 관광과 전임교수

이병관

단국대학교 일반대학원 체육학과 스포츠산업전공(이학박사)
(재)한국종합경제연구원 수석연구원
신성대학교 겸임교수
현) 단국대학교 스포츠경영학과 교수

저자와의
합의하에
인지첩부
생략

고객만족경영을 위한 6POWER

2019년 6월 25일 초판 1쇄 발행
2020년 2월 10일 초판 2쇄 발행

지은이 김원 · 이병관
펴낸이 진욱상
펴낸곳 (주)백산출판사
교 정 성인숙
본문디자인 신화정
표지디자인 오정은

등 록 2017년 5월 29일 제406-2017-000058호
주 소 경기도 파주시 회동길 370(백산빌딩 3층)
전 화 02-914-1621(代)
팩 스 031-955-9911
이메일 edit@ibaeksan.kr
홈페이지 www.ibaeksan.kr

ISBN 979-11-89740-52-8 93320
값 20,000원